DÖRLEMANN

LUCA TURIN
UND TANIA SANCHEZ

DAS KLEINE BUCH DER
GROSSEN PARFUMS

DIE EINHUNDERT KLASSIKER

Aus dem Englischen von
Miriam Mandelkow, Frauke Czwikla
und Christian Detoux

DÖRLEMANN

Die Originalausgabe erschien 2011 unter dem Titel
»The Little Book of Perfumes. The Hundred Classics«
im Verlag Viking, New York.

Für die Parfümeure

Verlag des Jahres
'23
DÖRLEMANN

Dieses Buch wurde klimaneutral gedruckt.

Erfolgsausgabe 2023

Umschlaggestaltung: Mike Bierwolf, unter Verwendung einer
Illustration von joingate, Shutterstock
Satz: Dörlemann Satz, Lemförde
Druck und Bindung: Print Best, Viljandi
ISBN: 978-3-03820-128-1
www.doerlemann.com

INHALT

VORBEMERKUNG DER AUTOREN

Parfumformeln sind Unternehmensgeheimnisse. Es ist kaum möglich, eine offizielle Auskunft darüber zu bekommen, ob und wie eine Formel geändert worden ist; man müsste schon eine gaschromatographische Massenspektrometrie durchführen. Gerüchte dagegen gibt es en masse. Es gibt auch viele allgemein zugängliche Informationen über behördliche Beschränkungen. Wir beurteilen Veränderungen hingegen nur auf Grundlage dessen, was wir bei Direktvergleichen zwischen Flaschen aus früheren Jahren und neuen Mustern, die idealerweise direkt vom Hersteller kommen, riechen.

VORWORT

von Tania Sanchez

Jeder Fan hat seine Liste: 100 Filme, die man gesehen haben muss, bevor man stirbt; die drei besten Cheeseburger der nördlichen Hemisphäre; die zehn überberwertetsten Gemälde; die zwanzig dämlichsten Besprechungen in *Perfumes: The A-Z Guide* usw. Welche Empörung, wenn tatsächlich jemand *Hellboy II* höher einstuft als *Casablanca*, oder erklärt, dass *Let It Be* das bessere Album sei als *Revolver*! Der beste Grund, eine solche Liste aufzustellen, ist wohl die simple Befriedigung, so viele Leute mit derart geringem Aufwand zur Weißglut zu treiben.

Die in diesem Buch besprochenen Düfte sind nicht die besten aller Zeiten; es sind jene, die wir in Sachen Qualität, Originalität oder schlichter Schönheit über die Konkurrenz stellten, als wir für das Buch *Perfumes: The A-Z Guide* fast 1900 Düfte probierten und uns unter Missachtung von Werbung, Verpackung und den Gefühlen von Freunden und Nachbarn ausschließlich auf den Geruch konzentrierten. So schlossen wir auch Düfte aus, die jeder außer uns bewundert oder die im Zuge geänderter Zusammensetzungen gelitten haben. Stuft die vorherrschende Meinung etwa *Tabac Blond* höher ein als, sagen wir, *Badgley Mischka*, so berücksichtigten wir es trotzdem nicht, weil wir es nicht in seiner Bestform erlebten.

Auch Düfte, die wir nicht als wirklich überwältigend empfanden, tauchen in diesem schmalen und durchweg positiven Buch nicht auf. Das wird jene freuen, die der Meinung sind, dass man schweigen soll, wenn man nichts Gutes über jemanden zu sagen hat; und es wird jene ärgern, die es nicht ausstehen können, wenn jeder Bewerber einen Preis gewinnt. Wenn Sie also wissen wollen, was wir von Paris Hiltons *Can Can* halten, müssen Sie das große Buch konsultieren.

Um diesen willkürlichen und ahistorischen Ansatz auszugleichen und die Vorliebe von Verlegern für Zehnerlisten zu befriedigen, haben wir den 96 bestbewerteten Düften unseres letzten Buches vier kurze Artikel über längst verschwundene Parfums von historischer Bedeutung hinzugefügt. Unsere Eindrücke verdanken wir Rekonstruktionen, die wir, nach der Originalformel gemischt, in der Osmothèque fanden, einem Museum in Versailles, das der Geschichte der Parfümeurskunst gewidmet ist. Es ist kein Museum voller hübscher Kristallflakons, Werbeplakate und Mythen. Hier lagern Parfums in Kühlschränken, vor Licht und Fehlbehandlung geschützt, die darauf warten, auszuströmen und die Sinne zu wecken. Die vier Parfums sind François Cotys *Emeraude*, *L'Origan* und *Chypre* sowie Vincent Rouberts perfekt komponiertes *Iris Gris*. Die ersten drei tauchen, in verschiedenen Ausstattungen, oft bei Auktionen und Haushaltauflösungen auf; achten Sie bei solchen Gelegenheiten auf ältere Verpackungen, um billige Versionen jüngeren Datums zu vermeiden. Das Letztere dagegen lässt sich kaum noch irgendwo auftreiben, obwohl eine glückliche Dame aus unserem Bekanntenkreis auf einem Flohmarkt eine volle Flasche davon gefunden hat, mit der sie heute jeden aufzieht. Wenn Sie sich nicht auf solche Glückstreffer verlassen wollen, achten Sie auf die Veranstaltungen der Osmothèque in Versailles und ihres Ablegers in den USA.

Die Tatsache, dass diese Düfte nicht mehr ihrer ursprünglichen Intention gemäß erhältlich sind, führt zur viel diskutierten Frage der veränderten Formeln. Obwohl ich versprochen hatte, nur Gutes zu berichten, muss ich Sie warnen, denn viele unserer Lieblingsdüfte, die ihre Träger seit Jahrzehnten beglückten, haben sich in den letzten Jahren aufgrund strenger Allergievorschriften drastisch verändert. Darum haben wir uns die Mühe gemacht, bei vielen Parfums, die wir in der gegebenen Zeit noch einmal prüfen konnten, Notizen von Riechproben jüngeren Datums hinzuzufügen.

Ich gehöre selbst zu jenen Menschen, die auf alles Mögliche allergisch reagieren, die jucken und niesen, die schon als Kind dem Lehrer einen Zettel mit dem Hinweis auf die Erdnussallergie mitbringen mussten, die einen Inhalator und schnell wirkende Antihistaminika in der Handtasche tragen und für die es kein Shampoo zu geben scheint, das nicht die Kopfhaut in ein dermatologisches Schulbeispiel verwandelt. Und trotzdem wundere ich mich, wie skrupellos die Industrie sämtliche Allergene aus edlen Parfums eliminiert. Meine Allergie ist schließlich mein Problem. Ich würde ja auch nicht verlangen, dass andere Frauen keinen roten Lippenstift mehr benutzen, nur weil ich keinen vertrage, oder dass sie ihre Kleider nicht in enzymatischen Waschmitteln waschen, weil diese mich reizen könnten. Ich finde es befremdlich, dass entschieden wurde, dass ich nie wieder *L'Heure Bleue* tragen darf, nur weil irgendjemand irgendwo Quaddeln davon bekommen hat. Warum trägt sie nicht etwas anderes?

An nachrichtenarmen Tagen kommt es vor, dass Aktivisten Presseverlautbarungen in die Welt setzen, die behaupten, dass in Parfums enthaltene Chemikalien Krebs verursachen oder Jungen in Mädchen verwandeln, dass sie in der Muttermilch auftauchen, reizen, überempfindlich machen und so weiter. Solche Alarmrufe haben oft breit abgestützte Forderungen nach Parfumverboten zur Folge, selbst wenn die Nebenwirkungen nur bei Dosierungen auftreten, die weit höher liegen als bei jeder natürlichen Anwendung – also wenn man praktisch darin badet oder das Zeug unverdünnt trinkt. Parfums sind keine giftige, krebserregende Suppe, sondern streng reguliert, um Schäden an Mensch und Umwelt zu vermeiden. Also musste sich die IFRA, die International Fragrance Association, etwas anderes einfallen lassen, um der Welt zu beweisen, dass sie sich um unsere Gesundheit und Sicherheit kümmert. Sie setzte bedeutende Mittel ein, um das Risiko von Kontaktekzemen zu minimieren. Das ist der Grund, warum Sie ihr geliebtes *Diorissimo* nicht mehr haben dürfen, selbst wenn Ihre einzige Reaktion darauf ein Glücksgefühl war.

Erstes Opfer dieser Verbote und Einschränkungen waren jene Stoffe, die in großen Mengen verwendet worden waren, darunter solche, die schon immer eine wichtige Rolle spielten, etwa Hydroxycitronellal (der einzige überzeugende Maiglöckchenduft), Eichenmoos (das bittere, tintige Waldaroma, das sich in fast jedem klassischen Parfum findet), Birkenpech (Leder), Heliotropin (Silber-Akazie oder falsche Mimose), Jasmin (Jasmin!), Eugenol (adieu, Nelken und Glühwein), Bergamotte (die leckere Zitrus-Kopfnote z.B. in *Shalimar*) und andere. Es ist eine der großen Ironien der Parfumwelt, dass wohlmeinende Aktivisten aus Angst vor unbekannten Chemikalien unbeabsichtigt genau diese gefördert haben. So wurden bekannte Inhaltsstoffe verdrängt, die seit über hundert Jahren ohne erkennbaren Schaden verwendet worden waren.

Wir taten also unser Bestes, um frische, authentische Muster möglichst vieler unserer Lieblingsparfums noch einmal zu bewerten, denn in Sachen Compliance war 2010 ein wichtiges Jahr für die Industrie. Die Ergebnisse waren nicht nur schlecht, doch sie waren auch nicht nur gut. Auf solche Veränderungen weisen wir hin, und wo wir uns nicht für die aktuelle Version aussprechen können, sagen wir das auch. Einige Düfte konnten wir nicht rechtzeitig bekommen. In anderen Fällen hatten die Firmen kein Interesse daran, Parfums zu bewerben, die älter waren als fünf Jahre, und wieder andere schienen schlicht kein Interesse am eigenen Produkt zu haben. Doch diese Gleichgültigkeit mag sich sogar als

Vorteil für Sie erweisen: Große Parfums, die nicht aggressiv vermarktet werden, finden sich möglicherweise noch in ihrer alten Zusammensetzung und in alter Verpackung am Lager einiger Parfümerien.

Alte Flaschen zu finden kann eine vergnügliche Beschäftigung sein, wenn man Spaß daran hat, ziellos durch Secondhandläden zu schlendern, bei eBay zu surfen oder die staubigen Schachteln im Hinterzimmer von Nullachtfünfzehn-Parfumdiscountern zu durchsuchen. Wenn Sie alle Parfums, die einst unser Lob erhielten, in ihrer Ursprungsform riechen könnten, wäre das ebenso lehrreich wie unterhaltsam. Die Bandbreite ist enorm: Kompakte Bouquets aus weißen Blüten, saure Kompositionen aus Kiefer und Salbei für eine Nacht in der Wüste, klassische Milch-Moschusdüfte, die von Nerzmänteln der Fünfzigerjahre verströmt worden sein mögen, moderne, durchsichtige Gerüche, die jeden Raum mit einer Ahnung von Kräutern oder Holzrauch füllen, aromatisches Zeug für Discotänzer mit Schnauzer und Haaren auf der Brust, arabische Rosen- und Weihrauchöle, opulente, bittersüße Balsame für gesittete Damen. Und mehr, möge es immer noch viel mehr geben. Wie Luca einmal sagte, ein Parfum ist eine Flaschenpost. Unsere Übersetzungen dessen, was uns diese Parfums in ihrer duftigen Sprache sagen, in banale Worte, mögen unterhaltsam sein. Doch erfolgreich war unsere Arbeit nur dann, wenn Sie die stillen Flaschengeister hinterher selbst entdecken, sie befreien, sie studieren und sich ihre Geheimnisse anvertrauen lassen wollen.

PARFUMS

PARFUMBESPRECHUNGEN

Preise
€€€€ teurer als 160 Euro
€€€ zwischen 81 und 160 Euro
€€ zwischen 41 und 80 Euro
€ unter 40 Euro

Unsere Angaben basieren auf den durchschnittlichen Ladenpreisen der jeweils kleinsten erhältlichen Standardgröße der geringsten Konzentration im regulären Verkauf. So berücksichtigen wir zwar ein einzeln verkauftes Eau de Toilette mit 30ml Inhalt, nicht aber ein Parfum mit 240ml, das nur in der Geschenkpackung verkauft wird. Außerdem berücksichtigen wir keine Konzentrationen, die geringer sind als die eines Eau de Toilette, keine Lotionen, Seifen usw. Weil Größen, Konzentrationen und Preise für Inhaltsstoffe stark variieren, sollen diese Angaben lediglich dazu dienen, Düfte innerhalb eines Preissegments zu vergleichen; sie drücken kein Preis-Leistungs-Verhältnis aus.

31 Rue Cambon (Chanel) *blumig-ambrig* €€€
Ich weiß nicht, wann ich zuletzt, ja ob ich überhaupt schon mal beim ersten Schnuppern von der Schönheit eines Parfums derart hingerissen war. In *31* liegt etwas anrührend Sanftes und eine kaum fassbare zarte Anmut.

Ein solch klassisches Meisterwerk steht per definitionem auf den Schultern von Riesen, und diese zu identifizieren, kann sehr spannend sein. Zuweilen erinnert *31* an das alte *Chant d'Arômes*, aus der Zeit, bevor sich Guerlain daran vergriff. Auch ist da ein Hauch des ersten *Dioressence*, dieser überreifen, saloppen, milchig-fruchtigen Note von Lactonen, die *Gucci Rush* auf die konsequente Spitze getrieben hat. *Chant d'Arômes* jedoch war keusch, *Dioressence* kokett und *Rush* einfarbig. Chanels *31* spielt nicht, will nicht verführen, macht nicht auf modern. Vielleicht ist sein wahrer Vorgänger jenes mit Makeln behaftete Meisterwerk *Champagne* von Yves Saint Laurent. Auch das war ein sanfter, fruchtiger Chypre-Duft, dessen ordinäre, polternde Spielart gleichwohl an den Niedergang eines Adelsgeschlechts gemahnte. *31* hingegen zeigt, dass in den höheren Sphären der Kunst die Zeit stillsteht. Einer der zehn zeitlosen Titanen sowie der kostbare Beweis, dass Parfümerie noch nicht tot ist. LT

In den Presseunterlagen zu *31 Rue Cambon* rühmt sich Chanel, einen Chypre-Duft kreiert zu haben, der ohne seine Conditio sine qua non auskommt: Eichenmoos, eine filigrane Flechte, die aussieht wie Friséesalat und vorwiegend auf osteuropäischen Eichen wächst. Zum Halbprodukt eingekocht, verströmt das dickflüssige Harz ein mittelalterliches Märchenaroma aus Rauch, Tinte und Waldboden, das dem reichhaltigen, süßen Chypre sein bitteres Rückgrat verleiht. Was aber ist ein Chypre ohne Eichenmoos? Ein Schulbeispiel für eine Sinnestäuschung durch

Andeutung. *31 Rue Cambon* ruft einige der geläufigen Stichwörter ab und erinnert dadurch an andere, ältere und jüngere Düfte, die das fehlende Element evozieren. Die üppige Iris in der Kopfnote, die einen nasekitzelnden trokkenen Pfeffer an die Stelle des Leders setzt, kündigt Chanels eigenes *Cuir de Russie* an; kaum fassbar ist die Jasmin-Herznote von *Diorella*, sprudelnd und hell wie kaltes 7UP; einen Moment lang riecht man Zitronenpudding, der einen unter anderem an *Shalimar Light* denken lässt; und jenes überwältigende, klingende Amber, kennen wir es nicht von Guerlains *Guet-Apens*? Der Duft wurde entworfen, um eine große Erbfolge zu behaupten, und reiht sich nahtlos ein ins Familienporträt. *LT* hat seine Schönheit einmal mit Grace Kellys Leuchten in *Das Fenster zum Hof* verglichen. Doch Kellys Schönheit fehlte die Substanz, verglichen mit der melancholischen Sinnlichkeit einer Rita Hayworth (bzw. *Baghari*), der mädchenhaften Wildheit von Bette Davis (*Jolie Madame*) oder der karnivoren Bedrohlichkeit von Ava Gardner (*Tabac Blond*). Zwar mag ich *31 Rue Cambon*, doch es berührt mich nicht, weil es nichts Eigentümliches an sich hat. Vielleicht ist es auch einfach nicht stark genug. Ich musste mir das Handgelenk an die Nase pressen, während ich dies schrieb, um es überhaupt riechen zu können. Gerüchteweise soll Chanel an einem Parfum arbeiten; hoffentlich wird es reichhaltiger und eindeutiger. Ich vermute, dass sich dieses etwas unfertige Ding zu echter Größe entwickeln lässt. Bis es so weit ist, probieren Sie es auf Textilien, um den Film langsamer ablaufen zu lassen. TS

100 % Love (S-Perfume) *Schokoladenrose* €€
Sollte es den astronomischen Erfolgen großer Parfum-Impresarios wie Vera Strubi (*Angel*) und Chantal Roos (*Opium*) zum Trotz noch Zweifel geben, so haben Nischenfirmen unstrittig bewiesen, wie wichtig die künstlerische Leitung für das Gelingen eines Parfums ist. Ein kapitalkräftiger Parfumliebhaber mag begabte Parfümeure davon überzeugen können, für seine Firma zu komponieren, aber künstlerische Freiheit und ein großes Budget allein bringen selten bedeutende Parfums hervor, es sei denn, dem Komponisten wird eine Vision mitgegeben, der er den zuweilen schmerzhaften langen Überarbeitungsprozess hindurch verpflichtet wird. Nobi Shioya (sein Künstlername lautet Sacré Nobi), den ich gar nicht persönlich kenne, wirkt auf mich aufgrund seiner Arbeiten wie einer, der nach Ungewöhnlichem strebt und nicht ruht, bis er es erreicht. Ein typisches Beispiel dafür ist *100 % Love*. Die erste Ausführung war schön, aber ganz klar unzureichend. Die große, die Trismegista Sophia Grojsman komponierte es nach wenigen Jahren neu. Möglicherweise lege ich als Wissenschaftler zu großen Wert auf das Neue und Unerwartete, doch muss ich sagen, selten (genau genommen, seit 1992 nicht mehr) hat ein Duft mich in derartiges Erstaunen und freudige Verwirrung versetzt. Etwas Ausgefallenes zu kreieren, ist leicht – es gibt viele Akkorde, die noch niemand ausprobiert hat –, etwas Wohliges, Behagliches auch, vorausgesetzt, man hält sich an die Kuschelzutaten der Parfümerie: Rose, Vanille, Schokolade usw. Äußerste Ausgefallenheit und be-

rauschendes Wohlbehagen zugleich zu erreichen ist allerdings schier genial. Sollte es ein Paralleluniversum geben, in dem Gerüche Theoreme sind, wäre *100 % Love* so etwas wie der Beweis der Riemannschen Vermutung. LT

1740 (Histoires de Parfums) *Leder-Immortelle* €€€
Die Bekanntschaft mit zu vielen banalen Parfums kann einen irgendwann zum Duft-Libertin machen: zynisch, ungerührt und grausam pragmatisch. Jeder alte Lüstling aber trägt in sich eine unbeschädigte Erinnerung an den Jungen, der er einmal war, und verfällt bereitwillig dem erstbesten Wesen, das mit seiner Intelligenz sein tiefgefrorenes Herz wiederbelebt. Etwas regte sich in mir, als ich *1740* roch: Der schimmernde klassische Akkord aus Leder, Immortelle, Gewürz, schwerem Pfeifentabak und einer buttrig behaglichen Wärme ist einfach unwiderstehlich. Und warum widerstehen? LT

2011: Setzen Sie getrocknete Rosen und Rosinen an die Stelle von Pfeifen und Lederpantoffeln, um eine Art *Kenzo Jungle* zu bekommen, was freilich nicht das ist, in das wir uns einst verliebten. Hoffen wir, dass die Veränderung nur auf Probleme mit dem Nachschub, etwa von Sandelholz, zurückzuführen ist und daher von vorübergehender Natur. TS

L'Air du Désert Marocain (Tauer Perfumes)
Weihrauch, orientalisch €€
Der süße Geruch von Amber, Basis jedes klassischen ori-

entalischen Parfums, wird schon lange mit Vanille und Sandelholz schwerer gemacht, mit Glühweingewürzen verziert und mit Moschus aufgepeppt, um ihm etwas Anzügliches zu verleihen, bereit für den Nahkontakt. Daran sind wir gewöhnt – doch wer weiß schon um Ambers Vorgeschichte. Dem Wortsinn nach bedeutet *Parfum* »durch Rauch« und verweist auf das Verbrennen wohlriechender Substanzen zur Reinigung der Luft und damit des Geistes. Falls es stimmt, dass der Engel Metatron seine Botschaften an die Welt von Rockgitarristen verbreiten lässt, wie Carlos Santana in seiner Grammy-Rede behauptete, dann liegt es nahe, dass der noch namenlose Engel des Parfums durch einen unscheinbaren Schweizer Chemiker aus Zürich mit Schnurrbart und weißem Hemd spricht. *L'Air du Désert Marocain* ist, nach dem schweren orientalischen Rosenduft *Maroc pour Elle*, der zweite Duft des talentierten Parfümeurs Andy Tauer. Eine Nase voll der endlosen Weiten von *Désert* und alle Nichtigkeit der Welt fällt von einem ab. Selbst eine amerikanische Protestantin aus den Vorstädten wie ich, die nie eine Messe besucht hat, empfindet das gewisse Etwas der alten Harzaromen (Benzoe, Weihrauch) schon im ersten Moment als ganz und gar heilig, schön und reinigend, hell erleuchtet von allen Seiten. Auch ohne seinen Namen als Stichwortgeber würde ich, wenn ich den Duft rieche, jenen Frieden spüren, den ich nur ein einziges Mal erlebt habe, als ich eines Morgens durch die Wüste des Südwestens fuhr: Tiefe Stille, keine menschliche Behausung weit und breit, das Firmament unendlich weit über mir, nur Salbei und hin und wieder eine Wachtel, die sich an die graue Erde duckten. Alles war seiner übervoll und musste bei der geringsten Berührung überlaufen. Wenn Sie diesen Duft tragen, spüren Sie den wolkenlosen Himmel hoch und weit über sich. TS

Amouage Gold (Amouage) *opulent blumig* €€€€
Ich liebe den kühnen, hybriden Gedanken hinter *Amouage*. Die Firma wurde 1983 von einem führenden Mitglied der Königsfamilie von Oman gegründet, um die drei Jahrhunderte währende Parfumtradition des Landes wiederzubeleben. In jener Mischung aus Lokalpatriotismus und Fernweh, die einer uralten Seefahrernation gebührt, nannten sie sich Amouage, nach dem Arabischen *amwaj* (dt. *Wellen*), so franzisiert, dass es eher wie *amour* klingt. Ich habe keine Ahnung von der heutigen omanischen Parfümerie, wenngleich ich Dokumentationen über die Jungs in Maskat gesehen habe, die mit sichtlichem Vergnügen in kleinen Läden Wolken maßgefertigter Mixturen versprühen. Jedenfalls stellte *Amouage* vor zwanzig Jahren den großen Guy Robert ein und erteilte ihm eine Anweisung, von der die meisten Parfümeure nur träumen können: »Tun Sie rein, was Ihnen gefällt, Geld spielt keine Rolle.« Heute heißt es *Amouage Gold*, und auf einem signierten Kärtchen steht, meines habe eine gewisse Naeema verpackt, eine nette Geste. Der Flakon ist aus Kristall mit 24 Prozent Blei gefertigt: Hält man ihn in der Hand, fragt man sich, ob sich die Schwerkraft urplötzlich vervierfacht hat. Das Ganze ist sichtlich

von Hand gearbeitet, in einem heiteren, leicht naiven Stil, der mich an die wenigen wirklich wertvollen Dinge erinnert, die Russland je produziert hat, wie die Schokolade von Roter Oktober; es bestärkt mich in meiner langgehegten Überzeugung, dass Moskau eigentlich ein großes Damaskus mit Schnee ist. Und der Duft? Guy Robert beschreibt ihn in seiner Pressemappe als die Krönung seiner Karriere, und ich gebe ihm recht. Robert ist der vielleicht symphonischste unter den heute noch tätigen französischen Parfümeuren alter Schule, und *Gold* ist seine Bruckners Neunte. Bei diesem Parfum geht es mehr um Textur als Struktur – hundert fliegende Teppiche aus Duft überlappen einander, als wäre *Joy* mit Scheherazade zu tausendundeiner Nacht verbotener Freuden durchgebrannt. Nachdem Guy Robert einmal an einem dürftigen modernen Erzeugnis geschnuppert hatte, erklärte er mir verzweifelt, »Un parfum doit avant tout sentir bon« (dt. *Ein Parfum sollte in erster Linie gut riechen*). Mit *Gold* hat er sich selbst beim Wort genommen und den Sultan bei der Brieftasche und das opulenteste Parfum aller Zeiten geschaffen. Kein Wunder, dass die Gegend früher Arabia Felix hieß. LT

2011: Obwohl der seidene Hintergrund nicht mehr ganz so reichhaltig ist und die Kopfnote offenkundig dünner: Wäre *Gold* auch nur halb so üppig, wäre es noch immer der dekadenteste Duft seiner Art. Frohlockt, ihr Liebhaber des alten *Arpège* und *Calèche*! TS

Angel (Thierry Mugler) *fruchtig, Patchouli* €
Es war ein extravaganter, einsneunzig großer Verkäufer, breit wie ein American-Football-Spieler, im babyblauen Anzug mit wattierten Schultern, der mir, über den Verkaufstisch gebeugt, zum ersten Mal *Angel* ansprühte. Ich fuhr zurück. »Soll das ein Witz sein?« Jahrelang empfand ich es als den übelsten Geruch, der mir je untergekommen war. Damals stand ich in dem naiven Glauben, Frauen hätten wie Blumen oder Süßigkeiten zu duften; Angel riecht perverserweise nach beidem und verhält sich zu einem durchschnittlichen süßen Blumenduft ungefähr so wie der fiese, turmhohe Marshmallow-Mann aus *Ghostbusters* zu handelsüblichen Marshmallows.

In dieser Hinsicht ist *Angel* auf jeden Fall ein Witz. Zahllose Parfums haben es in Teilen kopiert (als Beispiele seien *Euphoria, Flowerbomb* und *Prada* erwähnt), dabei jedoch versucht, wahrhaftig zu sein. *Angel* jedoch, obwohl als Gourmand-Duft für Mädchen verkauft und umschrieben wie eine gezuckerte Beere beim Konditor, ist eine einzige Lüge. Suchen Sie *Angels* Adamsapfel: Ein schönes, harziges, holziges Patchouli direkt aus dem Pfeifen-und-Ledersandalenrepertoire der Herrendüfte, das frontal mit einer kecken Schwarzen Johannisbeere (Neocaspirene) und einem kreischenden weißen Blütenduft kollidiert. Diese beiden Hälften, männlich und weiblich, teilen sich einen kampferartigen Geruch nach Mottenkugeln, der das überreife (manche sagen »verrottende«) Rumoren mit einer unsentimentalen, eisigen Leuchtkraft bedeckt. Dieser Effekt erstickt die Gefahr der klebrigen Süße im Keim, trotz der Unmengen des nach Zuckerwatte riechenden Ethylmaltols, wodurch sich *Angel* lauthals selbst widerspricht. Viele Parfums sind schön oder angenehm, doch wie viele sind aufregend? »Er nervt!«, zischt die Frau im Film, nur um den Kerl am Ende doch zu heiraten – und genau so schnupperte ich immer wieder an *Angel*, bis ich es schließlich kaufen musste.

Als aus dieser bestechenden Idee ein Hit wurde, hofften Parfümeure zu wiederholen, was ihnen einst mit *Chypre* gelungen war: Die Struktur auf tausenderlei Art zu kaschieren, um neue Effekte zu erzielen. Doch das funktionierte nicht, obwohl man nichts unversucht ließ. Die fruchtigen, ledrigen, blumigen oder grünen Chypres riechen alle sehr unterschiedlich. Doch die Formel von *Angel*, die Kombination aus Männlichem und Weiblichem, riecht in den allermeisten Fällen nach *Angel*, egal welche Stoffe aus den beiden Bereichen man auswählt. Geben Sie sich also nicht mit Angebern ab. Kaufen Sie das perverse, brillante Original, aber tragen Sie es nur, wenn Sie sicher sind, wie man den Witz erzählt. TS

Après l'Ondée (Guerlain) *himmlisches Heliotrop* €€€
2011: Der Witz des Originals bestand darin, billiges Heliotrop mit sündteurer Iris aufzupeppen. Inzwischen, da eines verboten worden ist und das andere billiger, riecht der Duft köstlich nach Iris. Die süße Nostalgie des Originals ist ein wenig verlorengegangen, aber es ist auf angemes-

sen anämische Weise noch immer sehr gut. Ehrlich gesagt, Guerlain hätte es nicht besser hinkriegen können. LT

Aromatics Elixir (Clinique) *holzig-blumig* €
Aromatics Elixir nach einer ganzen Reihe »moderner« Düfte auf einem Streifen und insbesondere in der Luft zu riechen, ist so, als würde man nach zwölf Folgen *Cheers* Lauren Bacall in *The Big Sleep* sehen. Das Zeug füllt den Raum mit derart selbstbewusster Präsenz, da mag man gar nicht glauben, dass Bernard Chant dieselben Duftstoffe benutzt hat wie alle anderen. Was immer er anfasst, wird überlebensgroß und überirdisch leicht. Die für seine Arbeit typische Struktur, ein forscher, krautig-blumiger Patchouli-Akkord, gestützt von einem Chiaroscuro Dutzender verwandter Balsamnoten, hat sehr laszive, erwachsene Düfte hervorgebracht (siehe *Cabochard* und *Cinnabar*), und in der hellen, frischen, krautigen, geradezu klinischen Manier von *Aromatics Elixir* funktioniert sie sogar noch besser. *AE* ist zugleich heilsam strahlend und lustvoll zwielichtig, ein Balanceakt, den, soweit ich weiß, seither nur noch Patous *Sublime* fertiggebracht hat. Ein Meisterwerk. LT

Azurée (Estée Lauder) *Zitrus-Leder* €
Wie kommt es, dass in all den Jahren, seit ich angefangen habe, Parfums zu sammeln und mit anderen leidenschaftlichen Sammlern darüber zu sprechen, nie jemand *Azurée* erwähnt hat? Alle Kenner lieben Leder, lieben Kompositionen aus den Prä-Achtzigern, beklagen den

Niedergang der Klassiker, die durch billige Ersatzstoffe verdorben wurden. Sie jammern, dass *Cabochard* seine komplizierteren, wilderen Teile entzogen wurden; sie bedauern, dass *Jolie Madame* dem Mainstream angepasst wurde; sie schreien, weil Caron Hand an sein *Tabac Blond* legte; sie seufzen über das Ende einer Ära. Und nun ist auch Estée Lauder, treusorgende Hüterin einer der zuverlässigsten Qualitätsduftlinien, dem populären Irrglauben zum Opfer gefallen, dass nur das Neue der Erwähnung wert sei, und versteckt die alten Produkte unter der Ladentheke wie Schmuggelware. Einige dieser Düfte werden nach Erscheinen des vorliegenden Buches hoffentlich wieder vermehrt wahrgenommen. *Azurée* ist ein großartiger, selbstbewusster Lederduft aus dem Jahr 1969 von Bernard Chant, dem Erschaffer von *Cabochard* und *Aromatics Elixir*, mit Noten jenes überraschend langlebigen, zitronig-holzigen Sonnenscheins von *Monsieur Balmain* und einer weichen, staubigen, fast schmierigen Leder-Chypre-Herznote, bequem wie ein alter Arbeitshandschuh, heute so gut wie eh und je und eigentlich so gut, wie man sich einen Duft nur wünschen kann. TS
Muster von 2007.

Azzaro pour Homme (Azzaro) *Anis-Lavendel* €
Die Monotheisten unter uns glauben, es gebe nur eine ernstzunehmende Gattung von Herrenduft, nämlich das Fougère, und der Gipfel der aromatischen Fougères sei Ende der Siebzigerjahre erklommen worden. Manch einer, so auch ich, glaubt, das Wohlriechendste von allen

sei *Azzaro pour Homme* (1978). Man merkt, dass dieses Parfum für schlaue Kerle gedacht war: Der Slogan »Un parfum pour les hommes qui aiment les femmes qui aiment les hommes« (dt. *Ein Parfum für Männer, die Frauen lieben, die Männer lieben*) ist nichts für Begriffsstutzige. Ich habe es heute zum ersten Mal seit zwanzig Jahren getragen, und es fühlte sich an wie immer: umgänglich, leicht vulgär, vollkommen unprätentiös und alles in allem einfach köstlich. Dieser Duft ist so gut und historisch so bedeutsam, dass ich bislang sechs Parfümeure kennengelernt habe, die behaupten, ihn komponiert zu haben (offiziell anerkannt ist Gérard Anthony), womit er in Bezug auf Beanspruchung der Urheberschaft in derselben Liga spielt wie *Giorgio* und einige andere. Azzaros sonstige Düfte waren zum größten Teil Enttäuschungen, aber das ist alles vergeben und vergessen. Solange uns dieser erhalten bleibt. LT

Badgley Mischka (Badgley Mischka)
umwerfend fruchtig €€
Zum ersten Mal begegnete mir der Duft von Badgley Mischka bei Bergdorf Goodman, in einer Musterflasche aus dem Labor, ein paar Monate bevor er lanciert wurde. Ich sprühte ihn auf einen Papierstreifen und nahm eine atemberaubende, herrlich fruchtige Kopfnote wahr, die ich sofort wieder vergessen wollte, denn was hat heutzutage keine große fruchtige Kopfnote? Beim zweiten Mal sprühte ich es aus der richtigen Flasche (die fixe Designeridee eines edlen Flakons, mit metallenem Schildchen,

wie ein protziger Briefbeschwerer) und war sofort überwältigt von einer großen, atemberaubend herrlichen, fruchtigen Kopfnote, üppig und frisch zugleich, die mich an saftige Früchte im Augenblick ihrer maximalen Reife erinnerte, kurz bevor sie zu gären beginnen – Pfirsiche, Mangos, Lychees, Ananas – bloß sind fruchtige Düfte nicht so mein Fall, darum vergaß ich es wieder. Bei der dritten Begegnung sprühte ich es aus einem neuen Tester, um darüber zu schreiben, und das erste, was ich bemerkte, war eine wirklich große, atemberaubend herrliche, fruchtige Kopfnote. Weil ich gerade etwas akademisch gestimmt war, nachdem ich das Überhandnehmen von fruchtigen Düften beklagt hatte, konzentrierte ich mich stattdessen auf seine Ähnlichkeit mit *Angel* oder *Rush* von Gucci, auf seinen Lacton-betonten, holzigen Duftablauf, der zum Ende hin leider immer dünner wird, und unterhielt mich mit LT über eine mögliche Verbindung zu Narciso Rodriguez' *for Her*, das er gerochen hatte, und so weiter. Das vierte Mal war, nachdem ich eine dürre, anerkennende Besprechung geschrieben hatte, ruhig, vernünftig und pragmatisch. Es war Abend, wir hatten gegessen und die Lichter gelöscht; nachdem der Druck endlich weg war, wollte ich jenes große, herrliche, fruchtige Ding wieder riechen. Es war gut zu vernehmen, wogte mehrstimmig in hellen, klaren Klängen von der Haut wie das Geläut der Kirchenglocken am Ostermorgen, einfach, perfekt und sicher, eine schlichte, frohe Botschaft. Etwa so muss sich der lange leidende Held am Ende einer Reihe romantischer Verwicklungen fühlen, wenn er aufschaut und endlich bemerkt, dass die gute Freundin aus Kindertagen zugleich das schönste Mädchen weit und breit ist, von der er aus lauter Gewohnheit keine Notiz genommen hat. Es ist Zeit, den Tatsachen ins Auge zu sehen – es ist Liebe. TS

Bandit (Robert Piguet) *bitteres Chypre* €€€
Eine Warnung vorweg: Ich habe über die Jahre mehrere Flakons des ursprünglichen *Bandit* besessen, und dieser gehört nicht dazu. Doch lesen Sie weiter. Moderne Varianten des Meisterwerks von Germaine Cellier zu reproduzieren, ist einfach und schwierig zugleich: einfach, weil ihre Parfums derart kühne, unverwechselbare Strukturen hatten, dass selbst eine verpixelte *Bandit*-Variante wie das jüngste, entsetzlich verflachte und verratene »Original« noch immer erkennbar das alte Schlitzohr ist; schwierig, weil Cellier zur Bestürzung anderer Parfümeure für ihre Kompositionen gern Basen verwandte. Basen sind Mini-Parfums, vorgefertigte Kompositionen, die einem ersparen, jedes Mal, wenn man eine komplexe, doch wiedererkennbare Note in einem Duft braucht – Pfirsich, Leder, Ambra usw. –, das Rad neu zu erfinden. Einige Basen wie Ambre 83, Persical und Animalis sind so gehaltvoll und so gut, dass man sich fragt, warum sie nie jemand abgefüllt und verkauft hat. Das Problem mit Celliers Basen ist, dass die Hälfte von ihnen verschwunden ist. Selbst wenn einem also die ganze Formel in die Hände fallen sollte, sodass man damit zum Hersteller von *Dianthiline 12* nach Grasse pilgern könnte, fände

man wahrscheinlich eher eine Ferienimmobilie vor als eine kleine Duftfabrik. Moderne Rekonstruktionen von Celliers Parfums sind in erster Linie Übersetzungen der Originalformel in Zutaten, die tatsächlich zu identifizieren und heutzutage käuflich zu erwerben sind. Das kann meiner Meinung nach durchaus von Vorteil sein: Diese Parfums haben stets ein gewisses Maß an Übergepäck mit sich herumgeschleppt, um den krassen Basisakkord aufzuwiegen. Wenn eine elegante Lösung gefunden wird, ist gegen eine Bereinigung als solche nichts einzuwenden. Man muss sich nur damit abfinden, dass man, wie bei Oldtimer-Flugzeugen, eine Maschine vor sich hat, bei der vom Original möglicherweise nur noch die Seriennummer übrig ist und ansonsten jeder Niet von Grund auf neu angefertigt wurde. Diese Variante des 1947er Originals ist ein wenig wie das rekonstruierte Bell-X-1-Überschallflugzeug: schlank, fein modelliert und einen Hauch zu glatt, wie bereit für einen Hollywood-Dreh. Doch der Zauber ist da: bitter, dunkel, aber frisch, unnachgiebig betörend und jedem anderen Leder-Chypre weit und breit noch immer etliche unbeleuchtete Straßenzüge voraus. LT
Muster von 2007.

Beyond Paradise (Estée Lauder) *symphonisch blumig* €
Parfümerie wird nur dann zur Kunst, wenn sie der Natur etwas hinzufügt. Auf Blumendüfte bezogen birgt diese banale Aussage jedoch eine Vielzahl tückischer technischer Fragen. Zunächst einmal geben viele Blumen wie Garde-

nien und Maiglöckchen kein Öl ab, und andere, wie die Rose, bringen Stoffe hervor, die wenig mit dem Eigentlichen gemein haben. Einen solifloralen Rosen-, Maiglöckchen- oder Gardenienduft herzustellen, ist daher in der Tat Schwerstarbeit. Allerdings sollten naturechte Blumendüfte, bedeutende Errungenschaften zweifellos, eher von einer Bienenjury als von Menschen beurteilt werden. Frauen haben nicht wie Blumen zu riechen. Abstraktion war schon immer die Seele der großen Parfümerie, und abstrakten Blütendüfte, deren Blumigkeit nicht an die eine oder andere Blume gebunden ist, verdanken wir einige der größten Meisterwerke der Parfümerie – wenn sich beispielsweise, wie im alten *Vent Vert* oder in *Joy*, eine ausgewogene Mischung aus Jasmin und Rose unmittelbar zu einem glorreichen Chor zusammenfindet, in dem einzelne Stimmen aufgehen. Abstraktion durch Aromachemikalien ist heikler und zugleich interessanter. Mit einem Molekül nach dem anderen einen Blumenduft zu komponieren, ist eine beachtliche Kombinationsleistung, die nur zu bewältigen ist, wenn man das Problem nach und nach wie ein hochkompliziertes Theorem in Lemmata zerlegt, die von verschiedenen Parfümeuren in Angriff genommen und zu Stoffgruppen reduziert werden, die diese oder jene Wirkung erzielen. Die enorme künstlerische Herausforderung, vor die die Chemie Parfümeure stellt, besteht in der Fähigkeit – den Göttern des Olymp und den guten Märchenfeen von der Erschaffung eines überirdisch begabten Kindes vertraut –, aus grundverschiedenen ererbten Tugenden eine Persönlichkeit zu komponieren: der rosigen

Grasfrische des Maiglöckchens, der Rauheit der Lilie, der Pilznote der Gardenie, dem Zitronigen der Magnolie, dem Bananigen des Ylang-Ylang, der tiefholzigen Samtigkeit des Veilchens, der beschwipsten Süße der Rose, der seifigen Kante der Zyklame usw. All diese molekularen Gene in ein brauchbares, ja sogar schönes Produkt zu überführen, ist ganz und gar nicht einfach. Es erfordert ein Auge und eine Nase für die umfassende Wirkung wie fürs Detail: Jedes Molekül muss sich in unterschiedlichen Augenblicken in verschiedenen Rollen mit anderen verbinden, um einen anmutigen Bogen von der Kopfnote bis zum Fond zu schlagen. Calice Beckers *Beyond Paradise* fängt nach immerhin einer Reihe gekonnter Annäherungen – ihrem *Tommy Girl* und *J'Adore* (das eine Mittag, das andere Sonnenuntergang) –, in Vollkommenheit das frische, frühmorgendliche Lichtgeflirre in einem unfassbaren Garten ein, wie er Swedenborg in seinen Visionen erschienen und von ihm en detail beschrieben worden wäre. *Beyond Paradise*. Jenseits vielleicht nicht unbedingt, aber eindeutig das Paradies. LT

Viele, die sich ernsthaft mit Parfums zu beschäftigen beginnen und bewusst mehr kaufen, als sie je tragen können, betreten das Königreich durch eine Seitentür. Sie suchen das Fremde, das schwer Auffindbare, die unbezahlbare Perle, irgendetwas lange Verlorenes. Doch sie sind ratlos (wie einst auch ich), wenn sie einen attraktiven, abstrakten Blumenduft für Herrn oder Frau Jedermann riechen. Was die Sammler des Obskuren an Blumendüften schätzen, ist die Lesbarkeit der Aromen, die man aus dem Garten kennt, und ein Ungleichgewicht, das sich übergroß oder als Misston in den Vordergrund drängt, wie beispielsweise ein avantgardistisches Kleidungsstück mit einem ausgefallenen schrägen Reissverschluss oder eine Fönfrisur, wo man sie nicht erwartet. Doch je mehr Übung in der Bemusterung von ausgefalleneren Blumendüften ich bekam, desto mehr Einsichten gewann ich aus der Masse der Daten: Zunächst, was LT schon bemerkte, ist die ausgewogene Abstraktion in einem Blumenduft die größere Kunst als die reine Nachbildung. Und zweitens währt die Illusion der meisten Blumendüfte nur kurz, verfliegt rasch oder zerfällt in ihre Einzelteile, wie bei einer Kunstinstallation, bei der gewisse Objekte aus einem bestimmten Blickwinkel ein Bild oder Wort ergeben. Das Beeindruckende an *Beyond Paradises* meisterhafter Darstellung einer köstlich frischen, imaginär-idealen Tropenblume voll blumiger Tugenden ist die stundenlang anhaltende Wirkung. Dabei verbirgt das makellose Produkt den sturen Perfektionismus, der zu seiner Kreation geführt haben muss: Es ist unendlich schwierig, etwas derart Vollkommenes so leicht erscheinen zu lassen. Wer die exotischen Strandfantasien vieler Nischenproduzenten von Blumendüften mag, sollte einmal beim Lauder-Stand vorbeigehen und eine Probe aus einer jener irren Science Fiction-Regenbogen-Nippel-Flaschen nehmen. Wobei ich gestehen muss, dass ich den Duft vor allem bewundere und nicht liebe, was vermutlich mehr über mich verrät als über *Beyond Paradise*. Einmal, als LT ein herrlich beschwingtes Stück von Mozart hörte

und sichtlich genoss, tönte ich: »Weißt du, diesem Stück fehlt einfach ein gewisser Groove!« Auf die Gefahr hin, verschroben zu wirken: Mir kommt es vor, als erzeugten meine alten Lieblingsblumendüfte wie *Joy* und *Fracas* eine Art Anwesenheit in einem Zimmer, fast körperhaft, als könnte man sie gleichsam am Ärmel berühren. Was mich am quietschsauberen *BP*-Stil aller modernen Blumendüfte kalt lässt, ist, dass sie perfekt und wunderbar riechen, aber nicht leben – ich greife in den Raum, doch da ist niemand. TS
Muster von 2007.

Beyond Paradise Men (Estée Lauder) *grün-holzig* €
Nie war das Wort *Akkord* besser angebracht als bei der Beschreibung von *BP Men*. Die Entdeckung der zitruskrautigen Note des Dihydromyrcenol fügte Anfang der Neunzigerjahre ein hellgraues Puzzleteil in die Lücke zwischen gelbem Zitrus, blauem Lavendel und grüner Melone. Solange unterschiedliche Verflüchtigungsgrade angemessen berücksichtigt werden, können nun mit all diesen Farben sehr komplexe Akkorde geschaffen werden. *BP Men* ist der perfekte Beweis. Dieses Parfum sticht heraus, weil es mehr Musik ist als Duft. Tragen Sie es, und nach wenigen Stunden werden Sie feststellen, dass ihr Alltag von demselben inneren Frieden durchdrungen ist wie in jenem Augenblick, da Sie es sich nach einem gründlichen Wohnungsputz im Sessel bequem machen. Im Vergleich dazu wirken alle anderen Herrendüfte (und die meisten Damendüfte) laut, grob und

nackt. Seine Komponistin Calice Becker hat wundersamerweise einen Weg gefunden, einen ewigen Sonnenaufgang, wie ihn Concorde-Piloten sahen, wenn sie im Wettflug mit der Sonne westwärts flogen, in einen Flakon zu füllen. LT
Muster von 2007.

Black (Bulgari) *heißes Gummi* €€
Einige der besten Düfte der Geschichte beruhen auf einem filigranen Gleichgewicht zweier gegensätzlicher Inhaltsstoffe: der Vanille-Vetiver-Akkord von *Habanita*, das Zitrus-Ambra von *Shalimar*. Es erweitert ihre Gefühlsklaviatur und erlaubt ihnen bei hinreichender Ausgewogenheit, von einem Moment zum nächsten, von einer Stimmung zur anderen anders zu duften, als hätten sie immer etwas Neues und Treffendes zu sagen. Mit anderen Worten, sie riechen interessant, nicht einfach nur schön. Ein Freund von mir behauptet immer, eine bestimmte Sorte Carnaroli-Rundkornreis, den er für Risotto verwendet, scheine seine Absichten zu begreifen und eine natürliche Intelligenz zu besitzen. Diese Erkenntnis kann ich nun auf Parfum anwenden: *Black* ist blitzgescheit. Komponiert wurde es von einem der größten Duft-Talente, Annick Ménardo von Firmenich. Da binäre Akkorde sich erschöpft hatten, fügte sie eine weitere Dimension hinzu. *Black* schießt kühn auf drei Achsen in den Weltraum: einer breiten, soliden, süßen Ambranote, einer stummen, Fünfzigerjahre-*Je-Reviens*-Blütennote (Benzylsalicylat), so grün wie die Schreib-

tischlampe eines Bankers, und schließlich einem bitter-pudrigen, frischen Gummi-Akkord, wie man ihn in Fetischläden findet oder beim Reparieren eines Fahrradschlauchs. Diese drei Melodien ereilen uns gleich beim Auftragen von *Black* in vollendetem Kontrapunkt. Das Bemerkenswerte an seiner Struktur ist das Fehlen von Kopfnote oder Fond. Ménardo hat eine von Parfumzeit unabhängige Harmonie ersonnen, die gleichwohl auf kleine Variationen der Wahrnehmung reagiert. Je nachdem mag Ihnen *Black* vorkommen wie ein Kampflied der Amazonen, der perfekte smaragdgrüne Plüsch für Napoleons Opernloge oder schlicht ein reizendes Lächeln. Auch besitzt es die Kombination aus solidem Gerüst und feiner Hülle, die altmodische Parfümerie auszeichnet, ist dabei jedoch durchweg neu und modern. Manche wären gern Klassiker – andere sind es. Verbringen Sie einen Abend mit *Black*, dann wissen Sie, dass es ebenso wie *Bandit*, *Tabac Blond* und *Cabochard* zu den großen emanzipierten Düften aller Zeiten gehört. LT

Bois des Iles (Chanel) *Sandelholz, orientalisch* €€€
Wer einmal echtes, indisches Sandelholzöl pur getragen hat, weiß, dass es ein eigenständiges Parfum ist: milchig, rosig, ambrig, holzig, grün, wunderbar. Ernest Beaux' üppiges *Cuir de Russie* wurde zum Inbegriff für Leder, und sein wohliges *Bois des Iles* zum Inbegriff für Sandelholz. Ich habe noch nie eine Zobelstola getragen, doch ich wette, dass es sich anfühlt wie *Bois des Iles*: Eine dunkle, behagliche, samtene Wärme, schläfrig und federweich. Für

einmal treffen die Marketingslogans zu: Laut Chanel riecht die Basisnote nach Lebkuchen, was auch stimmt, süß, mit Vanillebalsam und Gewürzen. Doch diese Beschreibung wird der Tiefe des Dufts bei weitem nicht gerecht. Die Aldehyde streuen ein pudriges Leuchten über alles und lassen den Duft wie den brünetten Bruder von *Chanel No. 5* erscheinen. Er hat eine köstliche Kopfnote von Zitrus und Rose, verbunden mit der fruchtigen Frische einer Cola. Von Grund auf perfekt, erscheint er, trotz seiner achtzig Jahre, genauso alterslos wie alles, was Chanel in jenen erfindungsreichen Jahren geschaffen hat. Wenn man sich all die tollen Chanel-Parfums als Variationen des Kleinen Schwarzen denkt – seidenglatt, zuverlässig und perfekt proportioniert –, dann ist *Bois des Iles* die Ausführung in Kaschmir. Ich trage es seit Jahren, wann immer ich besonderen Schutz vor der kalten Welt brauche. TS

2011: Die Glühwein-Milde des Originals ist zum Teil verschwunden und durch etwas raueres und hohleres, zuckrigeres Ambra ersetzt worden. Die begrenzte Verfügbarkeit von Sandelholz hat Chanel vor keine leichte Aufgabe gestellt, aber sie haben wunderbare Schadensbegrenzung betrieben, besonders in den Kopf- und Herznoten. LT

Bois de Violette (Serge Lutens)
holzig-orientalisch €€€
Serge Lutens von Shiseido hatte gerade die Kreation von *Féminité du Bois* betreut, dessen süß-holziger Duft von

Carons *Parfum Sacré* inspiriert war, selbst wiederum eine Anregung von *Bois des Iles*: vibrierende Streicherakkorde nahezu ohne zeitliche Entfaltung. Die holzig-fruchtige Struktur von *Féminité* war zunächst von dem Parfümeur Pierre Bourdon, anscheinend bei einem Besuch in Marrakesch, entworfen und zur Weiterentwicklung an den Parfümeur Chris Sheldrake übergeben worden, wobei Lutens ihm über die Schulter blickte und dafür sorgte, dass es so dunkel und durchsichtig wie irgend möglich blieb. Daraus entstand der Duft, der Shiseido bekannt machte. Sheldrake und Bourdon schreiben einander, was ungewöhnlich ist, großzügig die Grundidee zu. Als Lutens beschloss, im Pariser Jardins du Palais Royal sein Parfumgeschäft zu eröffnen, brauchte er wie ein Verleger mehrere Titel, um seine Kollektion anzuschieben. Damit kam die von Bourdon weithin propagierte Technik der sogenannten Überdosierung ins Spiel, nämlich die Hintergrundkomponente eines Parfums in einer neuen Komposition in den Vordergrund zu schieben, eine Art Rotation im Parfumraum. Aus *Féminité du Bois* sind vier Variationen entsprungen, von denen drei durch die Hervorhebung einer der Originalkomponenten neue Wirkung erzielen: Moschus (*Bois et Musc*), Frucht (*Bois et Fruits*), Amber (*Bois Oriental*). Die vierte, *Bois de Violette*, weicht ab, weil der holzig-fruchtige Veilchenduft des Methyljonons den restlichen Duft wieder aufnimmt und verstärkt. Die Rotation spielt sich in der Mitte ab; das Buntglas-Mandala wird von einem Veilchen-Juwel perfektioniert, um das alles herumtanzt. Ich weiß noch, wie ich aus Lutens violettem Laden in die ewig stillen, ummauerten Gärten trat, bewaffnet mit dem violett benannten violetten Duft, und das wertvollste Objekt der Welt bei mir zu tragen meinte. Merkwürdigerweise hat Bourdon in einem anderen Kontext noch eine fünfte Variation geschaffen. Offensichtlich hat er einen seiner *Féminité*-Entwürfe als Nachkömmling in die Dior-Präsentation eingefügt, und leider wurde es genommen. Das Ergebnis heißt *Dolce Vita*. LT

2011: Besonders in den Kopfnoten ist der Grundgedanke jetzt deutlicher erkennbar, ein Stillleben mit Bleistiften und Stiefmütterchen, keine rätselhafte Abstraktion. Ursprünglich muss ein dominanter Fliederduft die Verbindung von Zeder und Veilchen geglättet haben. Ohne diese Deckung tritt der gesamte zugrunde liegende Mechanismus zutage. Noch immer großartig: Nach ein oder zwei Stunden verbinden sich alt und neu wieder zu dem einen Duft. TS

Boucheron (Boucheron) *massiv blumig* €
Hier haben wir, komponiert 1988 von Jean-Pierre Béthouart, dem Schöpfer von *Fendi Palazzo*, die Athena-Nike aller blumig-orientalischen Düfte. Das Genre neigt zu Sinnüberflutung und flächendeckender Orchestrierung: Stellen Sie sich vor, Sie haben die vereinten Kräfte von *Joy* und *Shalimar* zur Verfügung, und Sie werden verstehen, warum die meisten Parfümeure Monster hervorbringen, die die Welt beherrschen wollen. Allerdings entdeckt man auch hier Schönheit, die

überproportionierte, schwere Schönheit der Art-déco-Wunder: die Hoover-Talsperre, den Bahnhof Milano Centrale, die Staatliche Universität Moskau – stilisierte Pracht, die Materialwucht schlichten Linien gegenüberstellt. Bei seiner Einführung wirkte *Boucheron* wie das Leitbild des Unternehmens Firmenich: Wir sind ein Aromen-Hersteller und können die Natur übertreffen, wenn und wann es uns beliebt. *Boucheron* fühlte sich damals fast hundertprozentig synthetisch an, was ihm erstaunlicherweise nicht schadete. Wird man irgendwo von diesem Duft angeweht, meint man, neben einem Marmorfuß fotografiert zu werden, der so groß ist wie ein Auto. LT

2011: Dieser Duft konnte den neuen Bestimmungen der International Fragrance Association ja gar nicht entgehen: viele Zitrusstoffe im Kopf, ein Batzen Jasmin und Ylang im Herzen und seltenes Sandelholz im Fond. Das neue *Boucheron* hat seine stattliche Dichte vollkommen verloren und ist eine durchsichtige Angelegenheit geworden mit einem sehr angenehmen Tagetes-Orangenblüten-Akkord und einem raffinierten, cremigen Fond. LT

Breath of God (LUSH) *geräucherte Frucht* €
2007 hat LT zwei überraschende, schöne Parfums besprochen – *Inhale* und *Exhale* –, die in einer Schachtel zusammen mit den Düften von Parfum d'Empire kamen, sich aber als Produkte der seither bankrott gegangenen

Firma Be Never Too Busy to Be Beautiful entpuppten. Simon Constantine, der für die Parfums der Marke verantwortlich war, wollte den rauchigen Vetiver des einen mit dem köstlich-fremden, fruchtigen Blumenduft des anderen verbinden und das Resultat *Breath of God* nennen. Ein solches Experiment müsste eigentlich grandios scheitern. Doch *Breath of God* ist ein Triumph, ein Spaziergang durch eine Herbstlandschaft aus grauen Bleistifttönen anstelle von Malergold, unterlegt mit dem süßen Moderduft von Kompost und überlagert von trockener Luft mit einer Ahnung von Holzrauch. Von der Struktur her ähnelt es den besten Parfums von Serge Lutens, es schlägt den Bogen von den dunklen Zedern- und Veilchendüften der Bois-Parfums zu den epischen Blumendüften wie *Sarrasins* und *El Attarine*, mit dem Kräuterhauch alter Arzneimittel oder Zaubertränke zur Abwehr des Bösen. Surreale Kombinationen – Zitronenschinken, Traubenleder, Tabakkaugummi, Mispelvetiver – steigen aus den Tiefen empor, wann immer man es riecht, Stunde um Stunde. Wenn ich es trage, staune ich darüber, dass solche grundlegend neuen Erfindungen auch heute noch möglich sind. TS

2011: Nach einer kurzen Unterbrechung ist *Breath of God* als Teil der exzellenten LUSH-Parfumreihe heute wieder erhältlich.

Calandre (Paco Rabanne) *aldehydig-blumig* €€
Vor einigen Jahren versuchte die französische Parfüme-

riewelt, bekümmert ob der Ähnlichkeit von Molinards *Nirmala* und *Angel* und der Unmöglichkeit, eine (für gewöhnlich geheime) Formel patentieren zu lassen, eine Expertenkommission einzurichten, die entscheiden sollte, wann ein Parfum abgekupfert ist. Das Vorhaben scheiterte am *Rive-Gauche*-Problem: *RG* kam ein Jahr nach *Calandre* (1969) auf den Markt und roch so ähnlich, dass selbst ein Parfümeur die isolierten Basisnoten kurzzeitig verwechseln mochte. Dennoch war *RG* in vielerlei Hinsicht eine Verbesserung von *Calandre*, schwerer, dunkler, komplexer. Während Parfümeure *Rive Gauche* einhellig begrüßten, gingen ihre Meinungen zu *Calandre* unerklärlicherweise weit auseinander: sie reichten von Verunglimpfung (Pfusch) bis Überschwang (grandios schlicht). Der Lauf der Dinge hat meiner Meinung nach *Calandre* begünstigt. Die prägnante Struktur von *Rive Gauche* wurde bei den Neuformulierungen leicht verwischt, während die des schnörkelloseren *Calandre* intakt geblieben ist. Kaufen Sie es in Mengen, bevor sich auch daran noch jemand vergreift. LT

2011: Noch immer bemerkenswert eigen, bedenkt man, welchem Druck Paco Rabanne ausgesetzt sein muss, seine alte Formel abzufackeln. Lange zweitplatziert hinter *Rive Gauche*, ist *Calandre* nun klar an seinem frisierten Rivalen vorbeigezogen; im Gegensatz zu *RG* hat es jenen unschätzbaren Akkord von Rose, Gewürz und Sahne behalten. LT

Calyx (Prescriptives) *Guave-Rose* €€
Wenn ich manchmal eine beliebige, mittelmäßige Charge Parfums bemustere und vergeblich nach ihrer Daseinsberechtigung forsche, frage ich mich, ob ich das Problem bin, ob der kritische Gedanke jede Freude endgültig ausradiert hat und ob meine Tage als Hedonistin vorbei sind. Naturgemäß ist die nächste Flasche, an der ich rieche, schlicht umwerfend. Wie alle großen Würfe von Sophia Grojsman baut auch *Calyx* auf einer kühnen, einfachen Struktur auf: Fruchtig (in einer Hauptrolle: der köstlich-verrottende Duft überreifer Guaven), dazu blumig (pudrig-rosig) und grün (Neroli und Eichenmoos). Calyx behält ein vollkommenes Gleichgewicht aus sauberer Frische und üppiger Süße von der Kopf- bis zur Basisnote, ohne je ins eine oder andere Extrem zu fallen. Grojsman weiß eine Idee perfekt umzusetzen: Wie bei einem absolut harmonischen Chor, aus dem man keine einzelnen Stimmen heraushören kann, gibt es nichts, das man hinzufügen oder wegnehmen könnte. Außerdem kann ich mich an keinen anderen grünen Duft erinnern, der so freundlich ist. *Cristalle* von Chanel zum Beispiel oder *Envy* von Gucci haben immer einen schlampig-fiesen Effekt. Für einen Duft aus den Achtzigern – 1986, um genau zu sein – riecht *Calyx* außerdem überraschend frisch und modern, vielleicht weil es Pate stand bei der nächsten Generation fruchtig-sauberer Blumendüfte, ohne von diesen je verbessert worden zu sein. Es ist einer der seltenen Düfte, die man sein Leben lang tragen kann. TS

Ça Sent Beau (Kenzo) *Mandarinen-Fougère* €
Es gibt zwei bekannte Wege, um ein überragendes Parfum zu kreieren: Die gekonnte Neuinterpretation einer bekannten Form (ein Ballkleid aus Seidenatlas) und die geniale Erfindung (Diane von Furstenbergs Wickelkleid). Letzteren Weg hat Kenzo 1987 mit seinem auf den passenden Namen *Ça Sent Beau* getauften Duft (dt. *das riecht schön*) eingeschlagen. Kreiert wurde er von Françoise Caron, deren für Jean-Charles Brosseau geschaffenes *Ombre Rose* noch immer beweist, dass man aus wenigen einfachen und bekannten Inhaltsstoffen eine neuartige Struktur schaffen kann. Wie gelungen *Ça Sent Beau* ist, wird besonders augenscheinlich im Vergleich mit *Classique* von Gaultier, das auf denselben Inhaltsstoffen aufbaut (Orange-Zitrus-Noten mit pudrig-frischen, holzigen Moschustönen): *Classique* ist irre gut, voller schweren Zierrats, und erinnert an einen Waschsalon. *Ça Sent Beau* dagegen ist schlank und elegant und erinnert an rein gar nichts. Von einer Frau getragen wirkt es fröhlich und tüchtig, von einem Mann getragen ist es eine gutgelaunte Alternative zu Carons *Royal Bain de Champagne*, ein Brut mit Frucht. Ach, und ignorieren Sie einfach die Flasche, die aussieht wie ein Nachtlicht aus dem Billigkaufhaus.
TS
Muster von 2007.

Chamade (Guerlain) *pudrig-blumig* €€
Als 1969 *Chamade* herauskam, wohnte ich in der Nähe der Champs-Elysées, zwei Straßen vom Guerlain-Geschäft

entfernt, und ich weiß noch, wie der Duft aus der Hausnummer 68 waberte, wenn jemand hineinging oder herauskam. Es lag, wie einmal jemand von der Concorde behauptet hatte, eine neuartige Gestalt in der Luft. Damals gehörte ich noch nicht zu den Parfumkonsumenten, und ich dachte, *Chamade* wären zwei verschiedene Düfte: Den Fond, den ich an Passanten roch, fand ich wunderbar, aber ich brauchte Monate, um ihn mit dem nichtssagenden blumigen Grün der Kopfnote zusammenzubringen. *Chamade* ist der vielleicht letzte Duft überhaupt, der sein Publikum so lange hinhält, während hinter einem schweren Vorhang die Requisiten hin und hergewuchtet werden. Der Fond war, wenn er endlich kam, wunderschön, ein fremdartiger, feuchter, pudriger gelber Narzissenakkord, der sich zwischen Daumen und Zeigefinger ölig anfühlte wie geriebene Pollen. Das moderne *Chamade* riecht immer noch herrlich, kommt aber viel schneller auf den Punkt und ist etwas flach, wie die jüngsten *Jicky*-Versionen, etwas milchiger und gesetzter im vanilligen Hintergrund. Dennoch ein Meisterwerk. LT

2011: Lassen Sie mich vorausschicken, dass in den letzten Jahren nichts an den Klassiker von 1969 heranreichen konnte. Ich habe keine Ahnung, was in den Achtzigern kompositorisch den Bach runtergegangen ist, aber 2005 war die weiche, pudrige, leicht ölige und außerordentlich beharrliche pollenartige Wirkung bereits verschwunden. Die Version von 2011 beschließt diese Entwicklung: In der Mitte ist irgendetwas eingebrochen, und zwischen zwei tragenden Säulen klafft eine Lücke. Auf der einen Seite eine intensive, zischend grüne Galbanum-Note, auf der anderen ein blumiger Lactone-Akkord, der an *Dioressence* erinnert. Wenn Sie blinzeln, einen Schritt zurücktreten und rasch riechen, können Sie sich einbilden, die ursprüngliche Gestalt zu erkennen. Duftet aber für sich genommen gut. LT

Chinatown (Bond No. 9) *Gourmand-Chypre* €€€
Die sympathisch kühne Firma Bond No. 9 hat ihr erstes und bisher einziges Meisterwerk geschaffen. Diese Komposition des jungen Aurélien Guichard (Sohn des großen Jean von Roure, jetzt Givaudan) gehört zu jenen Düften, die so unmittelbar, bezwingend, unwiderstehlich gut riechen, dass die einzig vernünftige Reaktion Liebe auf den ersten Schnupper ist. *Chinatown* wirkt seltsam vertraut und zugleich völlig überraschend, als wäre der Text eines Lieblingsliebeslieds zu einem neuen Gedicht umarrangiert worden, ebenso ergreifend, aber unabhängig von den ursprünglichen Absichten des Autors. Einerseits greift *Chinatown* auf klassische, hochmütig grüne Chypres wie *Cabochard*, *Givenchy III* und das erste Scherrer zurück, andererseits hat es eine seltsame, beinahe medizinische Note, die an den Trockenfrüchte-Geruch von Prunol erinnert, von dem einem der Mund wässrig wurde – eine ursprünglich von Edmond Roudnitska für die damalige Firma von De Laire komponierte Base. Die Kombination schafft ein prekäres, doch ganz und gar überzeugendes Gleichgewicht von Distanz und Entge-

genkommen und suggeriert eine höchst charmante Persönlichkeit, vor der man sich gleichwohl hüten sollte. Manche finden den Duft zu süß. Für meine Nase riecht es wie in der Ecke eines kleinen französischen Ladens im Sommer, exakt dort, wo sich der Geruch von Bohnerwachs mit dem reifer Pfirsiche verbindet. Ein Schatz in einem wunderschönen Flakon. LT

Cool Water (Davidoff) *aromatisches Fougère* €
Diese schöne Komposition von 1988 machte Pierre Bourdon berühmt und wurde nach meiner Schätzung öfter imitiert als irgendein anderer Duft in der Geschichte außer *Chypre*. Das Problem mit beliebten Herrendüften ist, dass man sie mit den Heerscharen hoffnungsvoller Trottel verbindet, die sie als Glücksbringer tragen. *CW* zu beurteilen, ohne so einen Geck mit offenem Hemd und Haargel vor sich zu sehen, ist ein bisschen wie das russische Antidot für Schluckauf: Lauf drei Mal ums Haus, ohne an das Wort *Wolf* zu denken. Davon abgesehen gehört *CW*, im Gegensatz zu *Chypre*, in die Kategorie der auf Anhieb gelungenen Dinge wie das erste Surfbrett und die Boeing 707. Unzählige Nachahmungen, Ableger, Variationen und Komplikationen haben nichts verbessert, noch haben sie dieser munteren, abstrakten, billigen und tödlich wirkungsvollen Formel aus Holzapfel, holzigen Zitrusnoten, Ambra und Moschus auch nur ein einziges interessantes Tüpfelchen aufgesetzt. Nun sollen es die Frauen ein oder auch zwei Jahrzehnte lang tragen. LT

Cristalle (Chanel) *Zitrus-Chypre* €€
Duft-Taxonom Michael Edwards, dessen Klassifikationsschema alle anderen in den Schatten stellt, ordnet *Cristalle* unter die spritzigen Zitrusdüfte ein. Das ist zweifellos korrekt, doch die Faszination dieses Dufts besteht darin, dass es, wie eine Zwischenform, die den evolutionären Prozess der Verwandlung einer Spezies in die andere sichtbar macht, auch zu den grünen Chypres gehört (frisch-moosiges Holz in Edwards' Schema). Als Zitrus ist *Cristalle* viel zu ernst, als Chypre fühlt es sich an wie ein ungewöhnlicher Morgen (womöglich ein Morgen danach). Es hat so etwas Sachlich-Forsches, dass man sich vorkommt wie nach einer Nacht mit einer hinreißenden Fremden: Sie ist bereits angekleidet und geschminkt, gibt zum Abschied ein Küsschen auf die Wange und hinterlässt als Visitenkarte nur eine Wolke *Cristalle*. Wunderschön. Und etwas beängstigend. LT

2011: Die kantige Schönheit der Galbanum-Zitrus-Kopfnote, einer Art Ikosaeder-Limone, ist jetzt so scharf, dass man damit Papier schneiden könnte, bei gleicher Gestalt. Meine diskreten Erkundigungen veranlassen mich zu der Überzeugung, dass die Qualität des Galbanum verändert wurde, ausnahmsweise zum Besseren. Grandios wie eh und je. LT

Cuir de Russie (Chanel) *Lederluxus* €€€
Ledernoten in Parfum sind im Großen und Ganzen auf zwei Rohmaterialien zurückzuführen, auf rauchigen, rek-

tifizierten Birkenteer und tintiges Isochinolin, Ersteres natürlich, Letzteres synthetisch. Sie werden nicht unbedingt gleichzeitig verwandt, *Cuir de Russie* beinhaltet nur das erste. *Rektifiziert* ist ein höfliches Wort für »gekocht« – noch heute wird der Saft von Birken in Ländern wie Russland und Kanada, wo der Baum im Überfluss zu finden ist, in großen Tiegeln gekocht, bis er schwarz wird und duftet. Die Ergebnisse sind ziemlich disparat, aber immer köstlich komplex: Beim Rösten zündelt minutenschnell die Chemie. Leider ist die Verwendung von Birkenteer von der EU eingeschränkt worden, und meine bange Frage war, welche Auswirkungen das auf *Cuir de Russie* habe. Die Antwort lautet: geringe. Dieser superbe Duft riecht noch immer genau so, wie er riechen sollte: für mich wie das Innere des 1954er Bentley Type R meines Stiefvaters, auf dessen Rückbank ich als Kind allein saß und mit dem Mahagoni-Klapptisch in der Rückenlehne spielte. Bemerkenswert daran ist, dass dieser schwere Lederduft durch das Zusammenwirken von Stoffen erzielt wird, die nichts mit gegerbter Tierhaut zu tun haben: Ylang, Jasmin und Iris, die sich jeweils in den Kopfnoten bemerkbar machen. Es hat viele Düfte namens *Cuir de Russie* gegeben, allesamt zu süß oder zu rauchig. Hier ist das Original, ein unversehrtes Monument klassischer Parfümerie und die reinste Emanation von Luxus, die je in einer Flasche Platz fand. LT

2011: Das Rauchige ist weniger süß und einen Hauch weniger animalisch, als wäre der Birkenteer in Teilen durch etwas Saubereres ersetzt worden, das mehr zur Kohle tendiert, wie zum Beispiel Cypriol. Auch hat die Herznote einen Tick weniger pudrige Süße, wahrscheinlich aufgrund der Sandelholz-Anpassung. Insgesamt wirkt der Duft ein bisschen agiler und maskuliner. LT

Derby (Guerlain) *rauchiges Holz* €€€
Derby ist ein Kuriosum, das einzige Guerlain-Meisterwerk, das keine Beachtung gefunden hat. Sein Erscheinen 1985 blieb ohne große Resonanz, vermutlich dank der dürftigen Werbung und einer hässlichen Flasche. Daraufhin wurde es neu verpackt und ausschließlich im Pariser Geschäft verkauft, danach kurzzeitig aus dem Handel genommen, schließlich neu herausgebracht, um jetzt, so wollen wir hoffen, dauerhaft im Sortiment zu bleiben. Guerlains Lobhudelei will uns glauben machen, jeder Spitzenduft von Jean-Paul Guerlain sei eine Hymne auf das ewig Weibliche, das *éternel féminin*. Tatsächlich sind seine Kompositionen in eigener Sache schon immer etwas besser gewesen, siehe *Vetiver* und *Habit Rouge*. *Derby* sitzt zwischen der Gockelei von *HR* und der trockenen Zurückhaltung von *Vetiver* genau auf dem Schwerpunkt, könnte man sagen, männlichen Dufts. Von der Struktur her ist es holzig-balsamisch mit einem Hauch von Rauch. In seiner Ausstrahlung gleicht es der Kirlianfotografie eines gesunden Blattes, das eine tiefgrüne Aura verströmt, nur in unmittelbarer Nähe zwar, dort jedoch erstaunlich intensiv und beständig. Einer der besten Herrendüfte aller Zeiten. LT

Diorella (Dior) *holziges Zitrus* €€

Diorella kam 1972 heraus, sechs Jahre nach *Eau Sauvage*, und trägt alle Merkmale von Edmond Roudnitskas gereiftem Stil à la *Parfum de Thérèse*: ein satter, holzig-blumiger Akkord, süß und belebend zugleich, sehr abstrakt und keinem Geschlecht eindeutig zuzuordnen. Mein Versuch, das Unverkennbare an Roudnitskas Stil für mich selbst zu definieren, ergab lediglich, dass es nach Kräutern riecht, nach Vitamin B und Limone. Ich wagte es nicht auszusprechen, aber es hatte etwas seltsam Fleischiges. Ich fragte meine Co-Autorin: »Wenn *Guerlain* ein Dessert wäre, welches Gericht wäre *Diorella*?« TS war unbeeindruckt: »Vietnamesischer Rindfleischsalat«, sagte sie, für meine Begriffe so frevlerisch wie auf den Punkt. *Diorella* war als Damenduft gedacht und war der Inbegriff von Bohemien-Chic mit einem eigenartigen Hauch überreifer Melone, elegant und dekadent zugleich. Die moderne Version, fraglos im Einklang mit allen gültigen Gesundheits- und Sicherheitsgeboten seit dem Untergang des römischen Reiches, ist trockener und maskuliner als damals. Das ist nicht verkehrt, ich habe *Diorella* stets als perfektioniertes *Eau Sauvage* betrachtet – und als einen der besten Herrendüfte, die für Geld zu haben sind. LT

2011: Was kann man noch tun außer nutzlose, rührselige Briefe zu schreiben mit der Frage, ob es möglich sei, heimlich ein paar Gallonen das alten, verbotenen Stoffs zu kaufen, unter dem Tisch, als skandalöse, moralisch fragwürdige Schmuggelware, wie Delfinleberpastete. Dieser einst außergewöhnliche Duft, scharf wie Säure und zugleich ein wenig schmierig, erhielt seinen Charakter durch einen wundervoll üppigen, fast schon öligen Zitrusduft, einen unverfroren schlampigen Jasminduft, die herbe Bitterkeit von Eichenmoos, ein Stück Melone zur Verzierung und einen andauernden Eindruck von schmutziger Wäsche. Niemand macht François Demachy, den Chef-Parfümeur von Dior, dafür verantwortlich, dass es aufgrund der Allergen-Vorschriften schwierig geworden ist, Zitrusöl, Jasmin und Eichenmoos zu verwenden. Das alte *Diorella* mag in dem netten grünen Zitronentee, den er angerührt hat, noch herumgeistern, doch man braucht Phantasie, es zu sehen. TS

Dior Homme (Dior) *fruchtige Iris* €€

Der Flakon von Dior Homme ist auffallend handfest, schöner gefertigt, als man erwarten würde. Ja, er ist so gut, dass er einen Damenduft beherbergen könnte. Das hier hat Klasse, und der Mann, der damals bei Dior Homme das Sagen hatte, Hedi Slimane, wollte, dass es jeder weiß. Der Duft? Komponiert von Olivier Polge, Chanel-Jacques' Sohn, gesellt er sich zu dem halben Dutzend bester Herrendüfte der vergangenen zehn Jahre. In der Struktur flirtet er mit der virtuosen Komplexität von Hugo Boss' *Baldessarini* und den gedämpften Farben kandierter Früchte von Chanels *Egoïste*. Abweichend davon ist seine interessante, pudrig-graue Iris-Kopfnote und eine Basisnote, die wie eine vergorene Version von *Chance* mit mehr Tabak daherkommt. Kultiviert, behaglich und vor allem ein Paradebeispiel für erfolgreiches Top-down-Design. LT

2011: Wie gehabt: eine fabelhafte Mischung aus billig und teuer. Entweder haftet dem Holz und dem Moschus in *Dior Homme* etwas kokett Cremiges und Pudriges an, das den traditionellen Barbierladengeruch dieser dandyfizierten Iris stärker hervortreten lässt als früher, oder ich werde einfach sentimental. Großartig. TS

Dune (Dior) *frisch orientalisch* €
Vergessen Sie Vorstadthorror, vergessen Sie all die Pseudo-»noirs« von *Angélique* bis *Orris*. Echte, bedrohliche Dunkelheit findet man nicht in Posterposen von Elternschreck Alice Cooper, sondern in diesem entzauberten, damenhaften Juwel. Vage inspiriert vom fünf Jahre älteren hervorragenden *Venise* (Yves Rocher, 1986), hat *Dune* Chancen auf den Titel der düstersten Schönheit der Parfumgeschichte. Vom Start weg steuert es auf den eigenartig unverdaulichen Billigschokoladen-Fond zu, der schon *Must*, *Allure* und tausend andere auszeichnete, wobei dieser hier von allen der beste ist, dissonant, aber spannend. Der Weg dorthin allerdings ist außergewöhnlich, von einer verführerischen Transparenz, ja Frische, insbesondere in den Anis-Möhrensamen-Kopfnoten. Schwer zu benennen, was *Dune* von Kopf bis Fond so humorlos macht: als hätte sich jeder Parfum-Akkord zu einem Ligeti-Cluster gewandelt, lebensleer und fleisch-

farben im unheimlichen Sinne künstlicher, nicht echter Gliedmaßen. Fabelhaft. LT

2011: Die Kopfnote ist jetzt plastikartig fruchtig-blumig. Doch keine Sorge: Nach ein paar Minuten findet man die alte Weite wieder, endlos noch immer, im fahlen Licht einer tiefen, geschlossenen Wolkendecke. TS

Dzing! (L'Artisan Parfumeur) *Vanillepappe* €€€
Olivia Giacobetti zeigt hier ihre einfallsreichste und humorvollste Seite, und *Dzing!* ist ein Meisterwerk. *Dzing!* riecht nach Papier, und man kann eine ganze Weile damit zubringen zu rätseln, ob es sich um Pappkartons handelt, um Packpapier, Umschläge beim Lecken des Klebers, alte Bücher oder etwas anderes. Ich habe keine Ahnung, ob das beabsichtigt war, lediglich einige Anhaltspunkte, wie es dazu kam. Lignin, das Zeug, das die Bäume vom Weinen abhält, ist ein Polymer aus Bausteinen, die dem Vanillin eng verwandt sind. Wenn es zu Papier verarbeitet und jahrelang gelagert wird, zerbröselt es und riecht gut. So hat es die göttliche Vorsehung eingerichtet, dass Antiquariate nach hochwertiger Echter Vanille riechen und unterschwellig den Wissensappetit anregen. LT

2011: Gerüchte über das Ende von *Dzing!* waren übertrieben. Die ausklingende Basisnote mit ihrem dünnen, holzigen Etwas namens »Aftershave« war schon immer ein wenig enttäuschend. Doch weil Kopf- und Herznote so wunderbar sind, sprühe ich jeweils ein wenig auf einen Schal oder den Ärmel eines Kleidungsstücks, das ich später ablegen kann. TS

Eau de Guerlain (Guerlain) *Zitronenverbene* €€

Eau de Guerlain ist für Zitrus, was die Mandoline mit ihren Doppelsaiten für eine Gitarre ist. Als würden die Elfenbein- und Grünnoten von Zitrus und Verbene durch irgendein geheimnisvolles Parfumwunder dazu gebracht, harmonisch exakt eine große Terz zu beiden Seiten der flotten Zitrone-Bergamotte-Melodie mitzusingen, was dem Ganzen eine hinreißende, nostalgische Klangfarbe verleiht. Ein noch größeres Wunder ist, dass *Eau de Guerlain* eine schlüssige, frische Basisnote hat, die das Genre Kölnischwasser vollkommen hinter sich lässt. Wenn Sie Zitrus wollen, gibt es schlicht nichts Besseres. LT

2011: EU-Beschränkungen von Zitrus haben die Entfernung photosensibilisierender Furocumarine verlangt, und die bereinigten Öle riechen anders. Die Wirkung des ursprünglichen Akkords ist noch da, aber etwas rauer und weniger rund. LT

Eau Sauvage (Dior) *Zitrusblume* €€

Ich vergesse immer, wie gut dieses verflixte Zeug ist. Dass ich es nicht trage, liegt zum Teil daran, dass es mich an meine Jugend erinnert. Außerdem ist es mir persönlich einen Tick zu laut. *Eau Sauvage* kündigt sich selbst von Weitem an mit seiner sehr lesbaren Type – einer Art

Garamond des Dufts. Große Parfümeure spielen mit der Kölnischwasser-Idee, wie Prokofjew in seiner ersten Sinfonie auf Strukturen des achtzehnten Jahrhunderts zurückgriff: Man nehme das Vertraute und verzaubere mit einem Transformer, wie ihn mein Sohn zum Spielen benutzt, die Pferdekutsche in ein Raumschiff. Roudnitska hat mit Kölnischwasser dreierlei gemacht: (1) ein Quäntchen Piniennadeln-Rosmarin-Akkord hinzugefügt, den die Italiener in Nachkriegswundern wie *Acqua di Selva* und *Pino Silvestre* so wunderbar beherrschten, (2) seinen eigenen typischen Vietnamsalat-Akkord benutzt (s. *Diorella* für nähere Informationen), und (3) bekanntermaßen als Erster das Ganze mit Hedion geölt, einer blumigen Substanz, die die trockensten Lippen feucht macht. Manche Parfümeure behaupten, in *Eau Sauvage* sei so wenig Hedion – wolle man seinen Erfolg diesem Stoff zuschreiben, könne man genauso gut Jascha Heifetz' Begabung seiner Guarneri zuschreiben. Wie auch immer: ein Meisterwerk. LT

2011: Der Duft hat sein ganzes Herz verloren. Es ähnelt jetzt *Lime Basil & Mandarin* von Jo Malone, ein durchaus netter, feiner Zitrusduft, doch überhaupt nicht mehr *Sauvage* (dt. *wild*). TS

Enlèvement au Sérail (Parfums MDCI),
Pfirsich, Jasmin €€€€
Trotz des albernen Namens (dt. *Entführung aus dem Serail*, nach Mozarts Oper) liebe ich diesen Duft und habe ihn mir beim Schreiben dieses Eintrags mehrmals aufge-

sprüht, um zum Anfang zurückzuspulen und den Vorspann noch einmal zu sehen, denn der ist umwerfend. Er beginnt mit einer zutiefst animalischen, blumigen Kopfnote gefolgt von einem goldenen, engelsgleichen Akkord aus Jasmin und Pfirsich im Fifties-Revival-Stil von *31 Rue Cambon* (das genau genommen fünf Jahre später herauskam) und entwickelt dann eine klassische, gesetzte Stimme mit einem Hauch würzig-holziger Heiserkeit. Am besten sprühen Sie ihn auf Stoff, um diesen anmutigen Bogen in Zeitlupe bewundern zu können. LT

Envy (Gucci) *grün blumig* €€
Maurice Roucel hat ein Händchen für Parfums, die von der geisterhaften Präsenz einer Frau heimgesucht zu sein scheinen: *Lyra* war eine resolute, heisere Pariserin, *Tocade* eine braungebrannte Amazone, frei wie der Wind. Roucels Düfte besitzen noch ein weiteres Markenzeichen, nämlich die Spontanität des ungeschliffenen Diamanten. Gerät er in die Marketingmühle, kommt es vor, dass sich Roucels Stil nicht entfalten kann und zu hervorragenden Pastichen klassischer Düfte neigt: *24, Faubourg, L'Instant, Insolence. Envy* ist meines Wissens der einzige Fall, in dem das Gleichgewicht zwischen Roucels Zauber und der wirklichen Welt ein Produkt hervorgebracht hat, das wie ein Diamant zur Vollendung sowohl Hitze als auch Druck benötigte. Soweit ich mich erinnere, wurde *Envy* so lange Paneltests unterzogen und so oft von Roucel modifiziert, bis es *Pleasures* ausstach, das sich damals auf der Höhe seines Ruhms befand. Amüsante Vorstel-

lung, dass ein solcher Vergleich von Äpfeln und Birnen als sinnvoll angesehen werden konnte. Allerdings hat dieser Prozess die Frau in *Envy* so weit gezähmt, dass sie nun himmlisch und spießig zugleich ist und auch noch jene unterdrückte Wut mitbringt, die ein solches Wesen empfinden muss, wenn es als Floristin in Eastern New Jersey wiedergeboren wird. LT

Le Feu d'Issey (Issey Miyake) *milchige Rose* €€
Le Feu d'Issey ist ein einziger Überraschungseffekt. Dieser Duft wirkt so, als würde man die Play-Taste eines ausgeflippten Videoclips drücken, in dem einem in rasendem Tempo Objekte an der Nase vorbeifliegen, die nichts miteinander zu tun haben: frisches Baguette, Limettenschale, feuchte saubere Weißwäsche, Duschseife, heiße Steine, salzige Haut, sogar ein flüchtiger Hauch von Vitamin-B-Pillen und ganz bestimmt noch einige andere Ufos, die diesem Kritiker die ersten paar Male entgangen sind. Wer immer das verzapft hat, besitzt eine in der Parfümerie äußerst seltene Gabe, nämlich Humor. Ein Hoch auf jene, die vor etwas derart Originellem nicht entsetzt zurückschreckten, sondern sich bereiterklärten, es abzufüllen und zu verkaufen- und Schande über sie, da sie den Schneid verloren und es wieder einstellten, bevor es sich durchsetzen konnte. Ob Sie es tragen werden oder nicht: Wenn Sie es auftreiben können, fügen Sie es Ihrer Sammlung hinzu, um sich daran zu erinnern, dass Parfum unter anderem die tragbarste Form von Intelligenz ist. LT
Noch immer eingestellt.

Fracas (Robert Piguet) *Butter, Tuberose* €€€
Ein Freund hat mir einmal erklärt, wie Ferrari dieses tolle Rot hinkriegt: Erst wird der Wagen silbern lackiert, danach kommen sechs Lagen Rot, dann eine Lage durchsichtiger rosa Lack. Das hätte Germaine Cellier gefallen. Ihr Meisterwerk *Fracas* wurde nach einer Durststrecke in den Achtzigern von einer amerikanischen Firma wiederbelebt und dem qualitativen Stand des Originals weitestmöglich angenähert, mit den üblichen Cellier-Abstrichen aufgrund der verschwundenen Basen (s. *Bandit*). Für meinen Riecher ist das Schöne an *Fracas* eine wunderbar buttrige Kopfnote, die ich Kamille zuschreibe, und ein hübscher brotiger Irishauch im Fond. Rosa und Silber, dazwischen Tuberosenrot. LT
2011: Noch besser. TS

Givenchy III (Givenchy) *grünes Chypre* €€€
Eine kernige englische Freundin von mir mochte lange Zeit den Ausdruck »guter, sauberer Dreck« und wandte ihn auf Situationen an, in denen die meisten Menschen zu einer Tetanusimpfung gehastet wären. Diese aufgepeppte Neuauflage von *G III* hätte ihr gefallen: Das Leder und die grünen Chypres haben alle etwas Verlebtes, das *Bandit*, *Jolie Madame* und selbst dem eher prüden *Y* ein besonderes Flair verleiht, als hätte man mehrmals hintereinander denselben Duft auf einen Stoff aufgetragen, ohne diesen zwischendurch zu waschen, und würde nun alle Lagen gleichzeitig riechen. *G III* war von diesen Düften schon immer der hellste und seifigste, verströmte

aber so einen Hauch vom Morgen danach. Die langersehnte Neuauflage ist ganz wunderbar, deutlich trockener und leichter als das Original, aber nicht zu seinem Nachteil, und sie gelangt schneller zur charakteristischen blattgrünen Herznote mit Streichern, die ewig anhält. Hervorragend und auch ein großartiger Herrenduft. LT

2011: Heute erinnert es an die letzte Basisnote irgendeines namenlosen Dufts aus einem unmarkierten Plastikbehälter einer Drogerie der Fünfzigerjahre. Das Eichenmoos ist gedämpft, das Blumige weg; da ist ein angenehmer Geruch nach heißem Radio, ein wenig Selleriesamen und geschmeidiger Moschus, mehr nicht. Noch immer ein großer Männerduft, doch zu verhalten, um mit den großen Frauendüften mithalten zu können. TS

Grey Flannel (Geoffrey Beene) *süß grün* €
Nur wenige Herrendüfte waren einflussreicher als das *GF* von 1975. Es ist der Zwischenstopp auf der langen Reise, die bei *Fougère Royale* beginnt und bei *Fahrenheit* endet. Ordentlich krautig und ungenießbar, besteht das Charakteristische dieses Dufts in der Kopfnote, in der frische Zitruskomponenten sich so mit dem Blattgrün von Veilchenblatt und Galbanumharz vermählen, dass das Fruchtsaftige der Zitrone vollkommen verschwindet und nur der holzige Aspekt bleibt. Dieser seltsame Akkord war ein Vorläufer des holzigen Beinahe-Zitrus (Dihydromyrcenol) von *Cool Water*, nur viel satter. Faszinierend an *GF* ist, wie die trockene Hälfte des Dufts von einer süß-

krautigen Cumarin-Note abgerundet wird, die die perfekte Balance verleiht. Alles in allem und obwohl *GF* gelegentlich ein wenig derb anmutet: ein Meisterwerk. LT

Habit Rouge (Guerlain) *süßer Staub* €€
Eine der unmittelbar und unveränderlich ansprechenden Erfindungen der Parfumgeschichte – der Orangenblüten-Opopanax-Akkord, weich und kratzig wie Stoppeln auf einer attraktiven Wange – ist ein wenig wie die Schönheit selbst: augenblicklich erkannt, nie ganz erhellt. Die neue Version von *HR*, von Edouard Fléchier möglicherweise etwas bereinigt, wirkt schlanker, weniger beladen mit neckischem Firlefanz als die Vorgänger. So wird *HRs* reizvollster Aspekt herausgestrichen, der überraschende, im Rückblick jedoch selbstverständlich anmutende Charakter, und daran erkennt man einen Geniestreich. LT

2011: Hier stehen wir vor einer heraklitischen Frage: Sprüht man sich je zwei Mal dasselbe *Habit Rouge* auf? Die 2007er Version hatte bereits etwas von der *Vieux-Beaux*-Süße des Originals abgeworfen, das ich als junger Mann mochte, irgendwann jedoch langweilig und lästig fand. Die neue Version stößt noch weitere Weichzeichner ab, und *HR* ist jetzt ein Bündel von Noten, die sauber voneinander getrennt sind, doch im vollkommenen Gleichschritt miteinander: staubige Leder, trockene Hölzer, süße Orangenblüten, alles da, alles richtig. Vorzüglich. LT

L'Heure Bleue (Guerlain) *Ein Hauch von Dessert* €€
Volkstümlich gesprochen hatte das zwanzigste Jahrhundert Mahler und *L'Heure Bleue*, wir haben Enya und *Fleurs d'Oranger* (L'Artisan Parfumeur, Lutens usw). Der Geniestreich von *L'Heure Bleue* besteht darin, die frische, seichte, sonnige Orangenblüte in einer Hauptrolle zu besetzen und von zwei Titanen flankieren zu lassen: Eugenol (Nelke, Gewürznelke) und Jonone (holzige Veilchen). Ihr Chor entfaltet eine unerklärliche Praliné-Wirkung, bei der einem, ähnlich wie bei der Gianduja, dieser tödlichen Leckerei von Torino, das Wasser im Munde zusammenläuft. Hier zeigt sich der virtuelle Patissier Guerlain auf der Höhe seines Könnens, mit einem Duft, der stundenlang gleichsam kulinarischen Genuss verheißt, ohne auch nur einen Schritt auszulassen. Falls Sie Rotkäppchen sind und der hungrige Wolf gerade geklingelt hat, ist dies das Richtige für Sie. LT

2011: Eine gutaussehende Fremde ist hereingekommen und hat behauptet, Ihre Liebste zu sein. Sie sind ihr nicht böse, denn sie ist offensichtlich verwirrt; die Damen sehen sich ja kein bisschen ähnlich. Sie bleiben sitzen und warten geduldig auf Ihren Schatz. Die Dämmerung bricht herein, Abend für Abend, und die Fremde lächelt und wartet, dass Sie vergessen. Können Sie? TS

Homage (Amouage) *Weihrauchrose* €€€€
Bei der unfassbar mondänen Präsentation der beiden Jubilation-Düfte von Amouage in Maskat erwartete die

Gäste bei der Ankunft im Hotel ein Flakon in limitierter Auflage in einem schlichten weißen Karton, auf dem nur »Attar« stand, d.h. »Duft«. Beim Probieren entpuppte sich dieses anonyme Etwas als atemberaubend schön: zugleich erhaben, ungemein strahlend und schwindelerregend üppig. Angesichts einer solchen Erscheinung wollen die meisten von uns umgehend ihre Eindrücke mit anderen teilen, je mehr Zeugen, desto besser. Auch ich empfand die übliche Mischung aus Stolz und Frustration, weil ich etwas derart Schönes besaß, das nur wenige mit mir teilen konnten. Um Gesellschaft zu haben, gab ich meiner achtjährigen Tochter etwas davon ab, und sie trägt es zu bedeutenden Anlässen. Zum Glück ist dieser inzwischen *Homage* genannte geheimnisvolle Attar nun in geringer Auflage erhältlich. Die Firma ließ mich wissen, es sei im Hause komponiert worden, hauptsächlich aus kambodschanischem Oudh, Ta'if-Rosen und omanischem Silberweihrauch, soll heißen, dem Besten und Teuersten überhaupt. Oman hat schon Parfum hergestellt, als die Europäer noch ein Mal im Jahr badeten und auch das nur auf ärztliches Geheiß. Bei meinem Aufenthalt hatte ich Gelegenheit, in Geschäften wie im Dunstkreis omanischer Passanten, Oudh in seiner angestammten Umgebung kennenzulernen, einen unendlich eleganten Akkord aus Rose und Holz, der erhaben orientalische Schönheit ausstrahlt. Für *Homage* hat die Firma noch eins draufgesetzt, und ihrer gebräuchlichen Komposition nicht nur Weihrauch und Eis zugefügt, sondern offenbar auch etwas Zitrusöl, um es westlichen Nasen angenehmer zu machen. Meine findet das unwiderstehlich. LT

Insensé (Givenchy) *maskulin-blumig* €€
Muster von 2007. Wenn man bedenkt, was mit *Le 3e Homme* passiert ist, wäre es erstaunlich, wenn *Insensé* unverändert geblieben wäre. Doch ich lasse mich gern positiv überraschen. TS

Insolence eau de parfum (Guerlain)
Godzilla blumig €€€
In ihrem Eifer, *Angel* zu kopieren, verloren die meisten Parfumhäuser den Grund seines Erfolgs aus den Augen, der nämlich nicht nur auf den Duft zurückzuführen war – diese eigenartige Mischung aus Patchouli, Zuckerwatte und schwarzer Johannisbeere –, sondern auch auf die Wirkung, den Ta-ta!-Effekt, das euphorische Staunen darüber, dass ein derart hanebüchenes Parfum reüssieren kann. Das erste *Insolence* kam nah dran, nur dass der Schock von einer Veilchen-Haarspray-Kopfnote verdorben wurde, über die es beim Radschlag auf die Bühne stolperte. Als die PR-Abteilung von Guerlain anbot, mir das neue *Insolence EdP* zu schicken, erkundigte ich mich, ob sich die Formel geändert habe. Die junge Frau am Telefon bejahte mit vielsagendem Glucksen. Und mein lieber Scholli, ist das anders. Guerlain hat endlich beschlossen, dass dieses Ding gar nicht erst versuchen sollte, vornehm zu sein, und leistet sich einen der köstlichst vulgären Düfte, die es heute auf dem Markt gibt. Maurice Rou-

cels seriöse Kompositionen sind stets komplex, aber hier passiert so viel wie auf einem Actionfilm-Plakat aus den Siebzigern, wo rechts ein Hubschrauber über einem brennenden Gebäude schwebt, in der Mitte zwei Autos über einen Pier ins Wasser stürzen und links eine junge Frau im weißen Kleid von einem Kerl aus dem Sumpf gezogen wird – und das Ganze vor einem feuerspeienden Vulkan. Der Akkord setzt sich aus Tuberose, roten Früchten, Orangenblüte und einer grünpfeffrigen *Poême*-artigen Note zusammen, die sich hier nahtlos einfügt. Alle vier sind Schwergewichte, und die Kombination ist einfach wuchtig. Auf den Sprühknopf von *Insolence EdP* zu drücken, hat etwas Verwegenes, Unumkehrbares, Verhängnisvolles, auch wenn er nicht auf Sie gerichtet ist. Ich habe etwas auf einen Duftstreifen gesprüht, ihn auf dem Tisch liegen lassen und bin zum Lunch gegangen. Das Parfum ist mir hinterhergelaufen: Etwas davon hatte sich auf meinen Handrücken verirrt, genug, um mich in eine neon-pinke Trashwolke zu hüllen. Ich kam mir vor, als ließe ich mich in einer Stretchlimo ins Eckcafé chauffieren. Bei meiner Rückkehr begrüßte mich der Streifen lautstark quer durch den Raum. Ich weiß, ich werde meine Worte noch bereuen (vor allem, wenn ich beim Essen oder im Konzert daneben sitze), aber dieses *Insolence* ist ein Meisterwerk. LT

Invasion Barbare (Parfums MDCI) *würzig-holzig* €€€€
Dies ist der erste Duft von Stéphanie Bakouche, Absolventin der französischen Parfumschule ISIPCA, Schülerin von Patous ehemaligem Magus Jean Kerléo und eindeu-

tig ein Talent, das man im Auge behalten sollte. Zum Auftakt kam *IB* mit einer jener majestätischen holzig-würzigen Bariton-Kopfnoten daher, die mich normalerweise zusammenzucken lassen, weil ich nur darauf warte, dass dieser imposanten Bandbreite bald die Puste ausgeht und sie im Fond vertrocknet. Nach zehn Minuten entrollte ich meine Zehennägel und entspannte mich: Dieses Produkt ist nicht hingeschludert, sondern im Gegenteil einer der zwei, drei besten Düfte seiner Art auf dieser Erde. Am ehesten weckte es Erinnerungen an Penhaligons altes und abgesetztes *Lords*, aber *IB* ist viel besser. Wenn Sie einen prägnanten, hochwertigen Herrenduft suchen, der weniger geschniegelt ist als *Mouchoir de Monsieur* und weniger leutselig als *New York*, sind sie hier richtig. LT

Iris Silver Mist (Serge Lutens) *Iriswurzel* €€€
Bevor alle Welt anfing, in Iris und (zumeist) Pseudo-Iris zu machen, hatte Lutens bei Maurice Roucel schon lange die ultimative Iris in Auftrag gegeben. Man erzählt sich, Lutens habe den Parfümeur so sehr bedrängt, die Iris bis zum Anschlag hochzufahren, dass Roucel in seiner Verzweiflung beschlossen habe, jeden Stoff seiner Datenbank mit Iris-Deskriptor in die Formel zu werfen, einschließlich eines selten verwendeten, brutalen Irisnitrils namens Irival. Heraus kam die pudrigste, wurzeligste, düsterste Iris, die man sich vorstellen kann, eine riesige graue Straußenfederboa, die man über violettem Ausbrennersamt zur Beerdigung eines Dichters trägt. LT

2011: Weniger brutal, möglicherweise natürlicher, aber auf eigenartige Weise dünner, brotiger (Iris riecht manchmal nach Hefedämpfen). Lost in Translation. Eine leicht säuerliche Blütennote schleicht sich in den Fond. Eine gute Iris, aber nicht mehr das *monstre sacré* von einst. LT

Jicky (Guerlain) *Lavendel, Vanille* €€
Jicky ist das älteste durchgängig erhältliche Parfum: seit 1889, dem Jahr des Eiffelturms, der Weltausstellung, der ersten Hundertjahrfeier der Französischen Revolution. Dieser Titel wird ihm gelegentlich von halbseidenen Thronaspiranten wie *Penhaligon's*, *Floris* und *Houbigant* (alte Namen, neue Formeln) oder reinen Erfindungen wie *Rancé* streitig gemacht. Derartige Ausdauer kann kein bloßer Zufall sein: *Jicky* hat etwas Neues in die Parfumwelt gebracht, und dieses Etwas hat noch heute Bestand, unter anderem, weil vieles von dem, was sich in der Zwischenzeit ereignet hat, zu vernachlässigen ist. Für die Duftverhältnisse der Nachkriegszeit war *Jicky* ein Wunder an Schlichtheit, eine Lektion in Parfumherstellung. Das Ganze basiert auf Lavendel und Vanille. Lavendel wurde schon immer dampfdestilliert und ist nach wie vor nicht übermäßig teuer. Vanille ist eine andere Geschichte. Als *Jicky* entworfen wurde, kam gerade die durch die Reimer-Tiemann-Reaktion gewonnene synthetische Vanille auf, und die Firma De Laire in Frankreich hatte die Lizenz auf das Patent erworben. Die erste synthetische Vanille war nicht einfach nur billig, sie war

anders als das natürliche Zeug, viel süßer und cremiger. Aimé Guerlain wählte weise eine Mischung aus synthetisch und natürlich, das eine für den Aplomb, das andere für den Flair. Doch De Laires gelbes Vanillin war eigen, weil bei dem chemischen Verfahren eine kleine Menge des Hustenlösers Guajakol und anderer rauchiger Phenole in der fertigen Mischung zurückblieb, weshalb Guerlain, als das Verfahren verbessert wurde, nach diesem speziellen Unreinheitsgrad verlangte. Heutzutage fügt man, um diese Wirkung zu erzielen, einfach eine Prise rektifizierten Birkenteers hinzu. Ebendiese Wirkung hatte Ernest Beaux im Sinn, als er sich beklagte, dass seine Vanillen immer wie Crème anglaise gerieten und Guerlains wie *Jicky*. Allerdings sind Vanille und Lavendel nur ein Teil der Geschichte. *Jicky* beinhaltet auch noch eine riesige Zitrusnote (à la Zitronenkäsekuchen), Guerlains charakteristisches Bouquet französischer Kräuter (Thymian usw.), einen großen Schuss Zibet und Gott (beziehungsweise Jean-Paul Guerlain) weiß was noch alles. Ist das moderne *Jicky* identisch mit dem ersten? Natürlich nicht. Ist es ein ehrlicher Versuch, daran anzuknüpfen? Ja. Über das Vorkriegs-*Jicky* kann ich nichts sagen, da ich es bloß ein Mal gerochen habe, und das nur flüchtig. Bezeugen kann ich, dass das *Jicky* meiner Kindheit frivoler war, kurviger, weniger stattlich. Was ist geschehen? Schwer zu sagen: Der Lavendel und die Vanille können es nicht sein, der Zitrus auch nicht, genauso wenig die Kräuter oder der Zibet. Wie sagte Sherlock Holmes: »Hat man das Unmögliche ausgeschlossen, ist das, was übrig bleibt, die Wahrheit, so unwahrscheinlich sie auch klingen mag.« Ich vermute, dass es die unersetzlichen Nitromoschus-Verbindungen waren, die dem alten *Jicky* das Lächeln entlockten; fast alle sind schon vor Jahren wegen angeblicher neurotoxischer und photochemischer Probleme aus europäischen Parfums verschwunden. Das moderne *Jicky* ist vielleicht einen Tick glatter und sauberer, als es eigentlich sein sollte, aber noch immer ein überragendes Meisterwerk. Und noch eins: Für den Fall, dass irgendjemand meint, Unisexdüfte seien eine moderne Erfindung – *Jicky* wurde bereits zehn Jahre, bevor das Elektro-Auto »La Jamais Contente« den Weltrekord brach und 100 Stundenkilometer erreichte, von Frauen und Männern gleichermaßen getragen. LT

2011: Wirkt kerniger, animalischer, satter als die 2007er Version. LT

Joy parfum (Jean Patou) *sinfonisch-blumig* €€
Viel ist darüber geredet worden, dass *Joy* durch Neuformulierung gelitten habe, und ich bin mehr als ein Mal von *Joy*-Anhängern beschimpft worden, die Stein und Bein schwören, der Duft sei geändert worden und ich daher entweder korrupt oder inkompetent. Nichts ist sicher in diesem Tal der Tränen, und *Joy* wird vielleicht eines Tages geändert, also sollten Sie sich tunlichst damit eindecken. Das Muster, das ich im Oktober 2007 direkt aus der Patou-Quelle erhalten habe, duftete jedoch so gut wie eh und je, soll heißen: sensationell. *Joy* blumig zu

nennen, ist ein Missverständnis, da der Witz seiner Formel (Henri Alméras, 1930) gerade in der platonischen Idee einer Blume besteht und nicht in seiner weltlichen Manifestation. *Joy* riecht nicht nach Rose, Jasmin, Ylang oder Tuberose. Es riecht einfach groß, wonnig und ganz und gar wunderbar. LT

2011: Angesichts der europäischen Restriktionen bezüglich der Allergenität von Jasmin wird Jean-Michel Duriez, der Chefparfümeur von Patou, viele schlaflose Nächte damit verbracht haben, sich zu fragen, was aus *Joy*, dem großartigsten Jasmin-Rose-Duett aller Zeiten, werden soll. Jetzt ist die Antwort da: eine perfekte Rose. Der indolische Jasmin ist fast vollständig verschwunden und mit ihm etwas von dem feinen Zibetdreck. Die Rose ist dadurch noch seifiger, fruchtiger, zitroniger und grüner geworden als zuvor, also all das, was ein klassisches Rosenaroma sein soll, hoch zehn, ganz aus eigener Kraft, Stunde um erstaunliche Stunde. Wie Luca bemerkte, als ich es auflegte: »Es ist nicht *Joy*, aber auch nicht Tristesse.« Das neue Eau de Parfum, das ja immer ein wenig anders zusammengesetzt ist, kommt dem Original vielleicht sogar näher als das neue Parfum, denn in Verdünnungen ist es einfacher, die Auflagen bezüglich des Jasmins zu erfüllen. TS

Knize Ten (Knize) *Ambra, Leder* €€
Wie schon Alphonse Allais sagte: »Nach und nach trifft man immer weniger Menschen, die Napoleon gekannt

haben.« *Knize Ten* muss dieser Tage, wie der einzige Veteran der Grande Armée, der so lange lebte, dass er fotografiert werden konnte, schrecklich einsam sein, denn aus der Ära androgyner, verwegener, geckenhafter Twenties-Leder lebt außer ihm keiner mehr. Sein fünf Jahre älterer Bruder, *Tabac Blond* (1919), wurde erst kürzlich von den Vorschriften der International Fragrance Association und Caron-Parfümeur Richard Fraysse zur Strecke gebracht, und wenn man sich umsieht, ist kein anderer Lederduft aus der Zeit vor dem Zweiten Weltkrieg mehr übrig: *Kobako*, *Shocking* und zweifellos noch viele mehr – alle weg. (*Cuir de Russie* zählt in diesem Zusammenhang nicht, weil es in erster Linie ein überragender Irisduft ist, mit Ledernote.) Komponiert wurde *Knize Ten* von François Coty und Vincent Roubert, bzw. von dem Mann, der das Parfum an sich erfunden, und dem Mann, der *Iris Gris* kreiert hat. Lange war *KT* vergriffen, die Firma wusste nicht, wann es wiederkommen würde usw. Ich befürchtete das Schlimmste. Für die exakte Übereinstimmung der heutigen Formel mit dem Original würde ich nicht die Hand ins Feuer legen. Bezeugen kann ich aber, dass es (a) wunderbar riecht, ausgestattet mit all den Erfordernissen eines Lederdufts einschließlich wohlplatzierter Rauch- und Ambra-Noten, (b) eine formidable Erdbeer-Kopfnote hat, die Sie dank einer klassischen Duftumleitung just in dem Moment auf den Mund küsst, wenn Sie sich auf den dunklen, trockenen Hintergrund konzentrieren, (c) Ewigkeiten ganz kultiviert weitermacht und (d) nicht die Welt kostet. Schlicht ausgedrückt: Jeder sollte dieses Parfum besitzen, denn das gibt es nur ein Mal. LT

2011: Noch blumiger und noch besser. Wie *Cuir de Russie* hatte auch dieser großartige Lederduft schon immer einen Hang zum Weichen und Süßen – zu seinem Vorteil. TS

Knowing (Estée Lauder) *moosig, Rose* €
Von allen großen, fruchtigen Rosendüften der Siebziger- und Achtzigerjahre ist *Knowing* der wohl ausgereifteste und tragbarste. Damals veränderten synthetische fruchtige Rosenstoffe wie Damascone und Damascenone die Landschaft der Rosenparfums, machte sie größer, heller, kräftiger, ja brachte sie zum Leuchten. Das Bahnbrechende der Rosen-Chypres, angefangen beim inzwischen eingestellten *Sinan*, war der Kontrast zwischen den intensiven Stoffen und der klassischen, harzig-moosigen Grundlage – Rubine auf grünem Samt –, der die ungebändigten Rosen zivilisierter erscheinen ließ und weniger wie Rosenmonster. Die Ergebnisse waren eindrucksvoll, doch in ihrer Wucht manchmal auch ein wenig anstrengend. Als Nachzügler hat *Knowing* (1988) die Lektionen seiner Vorfahren gelernt: Es setzt auf das Moosige, Holzige und lässt lediglich eine rosa Spitze hervorlugen. Sparsam dosiert ist es genau richtig. TS
Muster von 2007.

Kouros (Yves Saint Laurent) *Moschus, Fougère* €
Auch siebenundzwanzig Jahre nach seinem Erscheinen

ist die Struktur von *Kouros* so neu, so unverkennbar und so unmöglich zu imitieren, dass es sich hier wohl um einen Sonderfall der Parfümerie handelt. Es riecht wie die gebräunte Haut eines Kerls mit Pomade im Haar, der gerade aus der Dusche tritt und einen Dandyduft aus der Zeit vor dem Ersten Weltkrieg trägt: Zitrus, Blüten, Moschus. Es hat jene vage abstoßende, sauber-schmutzige Anmutung fremderleuts Badezimmer und bringt es fertig, zugleich blitzeblank und verheißungsvoll nach ungemachtem Bett zu riechen. Dass all diese Bilder von einem Duft heraufbeschworen werden, der an sich so vollkommen abstrakt ist, bezeugt die Virtuosität seines Schöpfers Pierre Bourdon. So was passiert nicht aus Versehen, sondern nur in genialer Absicht. LT

Lavender (Caldey Island) *Lavendel vollendet* €
Lavender ist in Duft verwandelter Sommerwind, und die besten Lavendelkompositionen sind für mich die, die ohne weitere Elemente auskommen, sodass nur endloses blaues Tageslicht bleibt. Jeder sollte einen Lavendelduft besitzen, um sich nach Bedarf gut zu fühlen und sich – mit den göttlichen Worten meines Parfümeur-Chemikerkollegen Roger Duprey – an Folgendes zu erinnern: »Uninteressantes Decanol gibt es nicht.« Lavendel besteht überwiegend aus einem solchen, aus Linalool nämlich, und braucht während Destillation und Komposition behutsame Behandlung, um seiner milden Natur treu zu bleiben. *Caldey-Island-Lavender* wurde vom freischaffenden (inzwischen neunzigjährigen) flämischen Parfümeur

Hugo Collumbien für die geschäftstüchtigen Mönche in Caldey in Südwales komponiert und ist schlicht der beste Lavendel-Soliflorduft auf Erden. Googeln Sie es. LT

Lolita Lempicka (Lolita Lempicka)

krautiges Angel €€

Bei den meisten der vielen Düfte, die auf Thierry Muglers *Angel* aufbauen, ist der erste Gedanke: »Hallo *Angel.*« Nicht so hier. Parfümeurin Annick Ménardo hat die einzige eigenständige Variation gefunden. In *Angel* wird der laute, fruchtig-blumige Akkord von Jasmin, Mango und Schwarzer Johannisbeere (ein Dekolleté arrangiert für Bläser) von einem halbseiden wirkenden, eigenartig männlich-süßen und holzigen Ton getragen, der sich um Patchouli gruppiert. Zusammen rufen sie einem ein raues »Na, Kleiner?« zu. *Lolita Lempicka*, die beste *Angel*-Epigonin, hält an dem süß-holzigen Element fest, lässt aber den Push-up-BH beiseite. Stattdessen erklingt eine frische, anisige Melodie, die mit salziger Lakritze anhebt und sich durch mehrere belaubte Variationen moduliert, frisch wie Zitronenlimo. *Angels* Peggy Lee gegen *Lolita Lempickas* Doris Day. Der Duft ist schlagfertig und smart, perfekt zu dem Geschäker Brillen tragender Schulmädchen. Und genau wie Ménardos *Black* von Bulgari ist auch *Lolita Lempicka* ein raffinierter Frauenduft, den auch raffinierte Männer tragen können. Beim Einsteigen in die U-Bahn kam mir mal ein junger Mann in einer Wolke von *Lolita Lempicka* entgegen. Falls es seiner

Freundin gehörte, hoffe ich, dass er es ihr geklaut hat. Bonus: Ein Flakon zum Verlieben. TS
Muster von 2007.

Loulou (Cacharael) *Jasmin orientalisch* €
Von Michael Edwards als weich-orientalisch, var. schwer eingestuft – was so viel heißt wie großes Baklava, var. sirupartig: ein Parfum, das selbst ein Attar-wallah (dt. *Parfumverkäufer*) aus Bombay leicht überkandidelt fände. Das Geheimnis von *Loulou* jedoch, das sich der große Meister Jean Guichard ausgedacht hat (wie fühlt es sich an, der Mensch zu sein, der *Eden*, *La Nuit* und *Asja* geschaffen hat?), besteht darin, der ganzen Komposition eine geheimnisvoll heisere Note hinzuzufügen, die bewirkt, dass man noch mehr will, statt den Teller von sich zu schieben. Bei meiner ersten Begegnung mit diesem Duft vor zwanzig Jahren musste ich an die Weihnachtskugeln aus lila Glas denken, die mit schwarzem Glitter bestäubt sind, aussehen wie Seide und sich anfühlen wie Schmirgelpapier. Lassen Sie sich nicht davon beirren, dass *Loulou* höchstwahrscheinlich, wenn man es denn findet, preiswert ist. Es gehört zu den ganz Großen. LT

Missoni (Missoni) *kaleidoskopisch-blumig* €€€
Maurice Roucel hat sich mit den Jahren als ein Meister der Kompositionen an beiden Enden der Parfum-Zeitskala erwiesen, also Harmonie und Melodie. *Tocade*, sein maßgeblicher Versuch in Kurzform-Parfümerie, schlug einen einzigen Akkord mit sehr geringer Zeitentwick-

lung an und war umso bemerkenswerter, als er mit ausschließlich erprobten Rohmaterialien eine ganz neue Wirkung erzielte. Roucels verschiedene Langform-Kompositionen (*24, Faubourg*; *L'Instant*; *Insolence*) bezeugen eine zunehmende Beherrschung des Kontrapunkts, die ermöglicht, dass die »geistige Nase« sich die gesamte Duftexposition hindurch auf Lagen konzentrieren kann, die in unterschiedlichen Tiefen schweben. Vor geraumer Zeit empfahl mir Roucel in einer Unterhaltung, sein *Missoni* zu probieren, von dem er – ganz untypisch für ihn – sehr überzeugt war. Als das Paket eintraf, wunderte ich mich über die dürftige, hässliche Flasche und fragte mich, ob Roucel erneut, wie bei Alain Delons *Lyra*, sein bestes Produkt in Albernheit gewandet hatte. Aber *Missoni*, so scheint mir, kommt zum Schuss. Ich habe keine Ahnung, ob dieses Parfum in zehn Jahren noch zu haben ist, aber ich werde dafür sorgen, dass ich ein Leben lang damit auskomme. Dies ist einer der vollkommensten Düfte seit Jahren, der auf bestrickende Weise die horizontalen und vertikalen Elemente einer Parfum-Partitur kombiniert. Zunächst hält man ihn fälschlicherweise für einen köstlichen Zwitter aus *Tocade* und *Beyond Paradise*. Sekunden später merkt man, dass er einen neuen Akkord angeschlagen hat, noch immer mitsamt Kopf-, Herz- und Basisnote, dann den nächsten und noch einen, allesamt mit einer breiten, doch ganz und gar angenehmen Spanne von frisch bis süß, allesamt verschieden. Und wenn man es am wenigsten erwartet, vollzieht *Missoni* auf halbem Wege eine umwerfende Modulation zu einem leuchtenden, geradezu minzigen Akkord. Einen beschleicht das unheimliche Gefühl, dass das Parfum lebt und sich nach und nach gleichsam selbst komponiert. Die meisten Parfums sind rasch verbleichende Fotos, dieses hingegen ist ein Film. LT

Mitsouko (Guerlain) *Original-Chypre* €€
Wann immer ich aufgefordert werde, meinen Lieblingsduft zu nennen oder den besten Duft aller Zeiten oder den Duft, den ich mitnehmen würde, wenn ich aus steuerlichen Gründen auf den Mars zöge, lautet meine Antwort: *Mitsouko*. Sie ruft im Großen und Ganzen drei Reaktionen hervor: Parfümeure gähnen, Anfänger notieren sich den Namen, und Duft-Liebhaber halten mich für einen Spießer. Ebensogut könnte ich wohl behaupten, mein Lieblingsgemälde sei die Mona Lisa (was im Übrigen nicht zutrifft). *Mitsoukos* Geschichte illustriert punktgenau, wie Innovation und Imitation als vereinte Kräfte die Parfümerie vorantreiben. Der Duft kam 1919 heraus, angeblich als Folge einer Liebesgeschichte, die Jacques Guerlain mit Japan hatte oder einer Dame in besagtem Land. Doch hat *Mitsouko*, vom Namen abgesehen, nichts Japanisches an sich. Es ist, wie schon unzählige Male beschrieben wurde, eine Weiterentwicklung von François Cotys *Chypre* zwei Jahre nach dessen vielbeachtetem Auftritt. *Chypre* wiederum basierte auf einem Drei-Komponenten-Akkord, der so perfekt war, dass er, unübertroffen, noch neunzig Jahre später in Neuentwicklungen einfließt: Bergamotte, Labdanum und Eichenmoos. Sie riechen zitrus-harzig, süß-ambrig-harzig und bitter-harzig.

Stellen Sie sich die Bestandteile als gleich große Stücke eines Tortendiagramms vor, die durch das Harz aneinanderkleben. Das daraus entstandene Genre, das sich heute Chypre nennt, besitzt zwei grundlegende Eigenschaften: Ausgewogenheit und Abstraktion. *Chypre* ist längst verschwunden, aber es war mir vergönnt, sowohl alte Muster als auch die Rekonstruktion der Osmothèque in Versailles zu probieren. Es ist hervorragend, hat jedoch eine gewisse grobknochige, schlechtgelaunte Joan-Crawford-Anmutung und war ein Duft, auf den man sich nie ganz verlassen konnte. Jacques Guerlain war der Juan Gris zu Cotys Picasso, besessen von Vollendung und Detail. Er fügte *Chypre* bekanntermaßen die Pfirsichnote von Undecalacton hinzu, ziemlich viel Iris und wohl ungefähr zwanzig weitere Zutaten, von denen wir nie erfahren werden. Das Lacton macht ungeheuer viel aus: Es funktioniert wie eine Tiffany-Lampe, fügt einen Hauch gedämpfter Wärme und Farbe hinzu und hält im Gegensatz zu den esterbasierten Fruchtnoten ewig. Durch Guerlains Ergänzungen ist die Chypre-Struktur zu einem Meisterwerk gereift, dessen Fülle mich an die späte Kammermusik von Johannes Brahms erinnert. *Mitsouko* gehört außerdem zu den Überlebenden und ist erst kürzlich einer Kugel ausgewichen, die die Chemiephobie der EU direkt auf sein Herz abgefeuert hat. Eine Weile hatte es so ausgesehen, als würde der Duft eilig reformuliert. Am Ende hat der große Edouard Fléchier *Mitsouko* den EU-Vorschriften angepasst, und es riecht noch immer toll, auch wenn es wohl nicht mehr so lange anhält wie früher. LT

2011: Ein verblasster Art-Nouveau-Kunstdruck des Originals, mit einer Basisnote in nur einem Akt statt in zweien, und doch, entgegen aller Erwartung ist es noch immer wunderbar, noch immer erkennbar und deshalb unglaublich berührend. TS

La Myrrhe (Serge Lutens) *harzig-aldehydig* €€€
Aufgrund seines Namens und seiner Herkunft aus dem Hause Lutens würde man von *La Myrrhe* einen modernen, geradlinigen Weihrauch- oder einen orientalischen Amber-Duft erwarten. Aber: große Überraschung beim Öffnen der Flasche. Das gewohnte Sortiment orientalischer Gewürze, Vanille, schwerer Tabak, Leder und Sandelholz, das volle Kleopatraprogramm also, ist verschwunden. Stattdessen haben Lutens und Christopher Sheldrake das rauchig-balsamische Harz, das wir als Myrrhe kennen, mit einem strahlenden, rosigen, modernen Blumenaldehydduft von unvergleichlicher Frische kontrastiert, verwandt mit *White Linen*. So gelangt der Duft auf überraschende Weise zu jenem Gleichgewicht von unglaublicher Helle und Süße zurück, das *Shalimar* einst besaß, bevor jahrzehntelange Nachbesserungen seine Stimme senkten. *La Myrrhe* hat einen reinen, klaren, überirdischen Ton voller Schönheit und Kraft, als könnte der Duft ein sauberes hohes C singen, himmelhoch und mühelos. TS

Nahéma (Guerlain) *virtuelle Rose* €€
Die ersten drei Minuten von *Nahéma* sind wie eine Explosion im Rückwärtslauf: hundert verschiedene Duftfet-

zen, die von einem heftigen, schneller werdenden Wirbel in eine perfekte Gestalt gezwungen werden, um dann, so kann man sich vorstellen, lächelnd auf einen zugeschlendert zu kommen, als wäre nichts passiert. Nach einhelliger Expertenmeinung wurde dieser Duft, Guerlains schönste Rose, ganz ohne Rose hergestellt. Bei Guerlains reichhaltigen Formeln steht üblicherweise selbst die analytische Chemie vor einem Rätsel, doch nach allem, was man weiß, besteht die Rose in *Nahémas* Herzen wohl aus einem geometrischen Ort, gesäumt von einem Dutzend Facetten, die sich je einer anderen Ingredienz verdanken. Ob wahr oder unwahr, Zufall oder Geschick, keine Parfumrose reicht an *Nahémas* überirdisches Strahlen heran – und vor lauter Ehrfurcht versucht man gar nicht erst, ihm nachzueifern. LT

2011: Die jüngste Version macht deutlich, wie nah am Abgrund Jean-Paul Guerlain mit dem Original gespielt hat. Es hat auf jeden Fall eine kleine Änderung in der Rezeptur der Kopfnote gegeben, und das lebhafte Original ist jetzt grenzwertig grell. Wie bei den getarnten Kriegsschiffen im Ersten Weltkrieg scheint jedoch auf räumliche und zeitliche Distanz noch alles bestens. LT

New York (Parfums de Nicolaï) *Orange, Ambra* €
Besäße Guerlain ein Fünkchen Vernunft, würden sie Parfums de Nicolaï aufkaufen, sich dessen Sortiment einverleiben, rund fünfzehn ihrer eigenen hüftlahmen Düfte und einige von Nicolaï ausmustern, und die Besitzerin

und Schöpferin Patricia de Nicolaï in Orphin als Hausparfümeurin einstellen. Immerhin ist sie eine Enkelin von Pierre Guerlain, und eine genetische Analyse könnte die für ihr Parfümerietalent zuständigen Gene zutage fördern. Zur Kontrolle sei die nachweislich talentfreie DNS des Schöpfers von *Creeds Love in White* empfohlen. Achtzehn Jahre nach seinem Erscheinen *New York* zu riechen, während ich diese Zeilen schreibe, ist wie ein Wiedersehen mit einem alten Lehrer aus Highschool-Tagen, der entscheidenden Einfluss auf mein Leben hatte: Auch wenn ich mich weiterentwickelt habe, ist all das Gelernte noch da, noch immer wertvoll, eine wunderbare Erinnerung. *New Yorks* exquisite Balance aus harziger Orange, pudriger Vanille und bekömmlichen Hölzern schimmert von einem Augenblick zum nächsten durch, stets entspannt, doch nie lasch, stets präsent, aber niemals laut. Dies ist einer der schönsten Herrendüfte aller Zeiten und wahrscheinlich der, den ich aus meinem brennenden Haus würde retten wollen. Werte Leser, ich habe ihn ein Jahrzehnt lang getragen. LT

2011: *New York* trotz Zitrus- und Eichenmoos-Beschränkungen unverändert zu erhalten, übersteigt die Fähigkeiten selbst der talentiertesten, anspruchvollsten und gewissenhaftesten Parfümeurin. All das ist Patricia de Nicolaï, doch *New York* ist beschädigte Ware. Es sollte einen Aufruf geben, den Kunden unterschreiben können, um das alte Zeug wiederzubekommen. LT

No. 5 eau de toilette (Chanel) *pfirsich-blumig* €€
Ich gestehe, dass ich bis vor Kurzem den Unterschied zwischen den verschiedenen Varianten von *No. 5* nicht begriffen hatte. Chanels Maschinenraum ließ mich wissen, dieser Duft sei in den vergangenen Jahren mehrmals überarbeitet worden, während das Parfum der Originalformel von 1921 folge. Dies riecht nach einem Fünfzigerjahre-Produkt mit holzigen Veilchen-Kopfnoten und einem Lacton-Pfirsich-Fond. Es ist die Version, die ich immer mit *No. 5* in Verbindung gebracht habe, vor allem, weil ich mir die anderen nie leisten konnte. Es ist bezaubernd, der wahre Vorgänger des neuen *31 Rue Cambon*, und mutet etwas damenhafter an als das unverwüstlich kecke Original. LT

2011: Zitrus anders, Sandelholz anders, nicht mehr so streichelweich, aber noch immer gut. Eindeutig ein Liebesdienst angesichts der Regelhürden. LT

No. 5 parfum (Chanel) *pudrig-blumig* €€
Als ich in Villefranche lebte, einem kleinen Fischerdorf bei Nizza, spazierte ich hin und wieder zum nahegelegenen Jachthafen, um mir eine zehn Meter lange Holzslup anzusehen, die auf halbem Weg den Pier hinunter lag. Die meiste Zeit fristete sie ihr Dasein unter Planen, gesäumt von weißen Fendern. Sie war eines von zwei Schiffen eines ortsansässigen Bootsbauers namens Silvestro – sein jüngstes Werk, in dem vierzehntausend Arbeitsstunden steckten. Wenn der Besitzer an Bord war,

konnte man es in Gänze betrachten. Es war schöner, als dies irgendeinem Objekt zusteht, ja, dieser Anblick schmerzte. Vergleichbare Artefakte: ein schwarz-grauer Damenslipper, den ich einmal im Schaufenster von Lobb in London gesehen habe, die zweidrittelgroße Platinuhr, die mein Arzt trägt und über die er nichts verrät, und jetzt, erschwinglicher, *Chanel No. 5* Parfum. In ganz seltenen Fällen entwickeln Düfte einen faszinierenden 3-D-Effekt, als könnte man sie in der Luft streicheln. *Rive Gauche* und *Beyond Paradise* in ihrer Ursprungsfassung sind relativ junge Beispiele, aber es sind noch immer erkennbar Blütendüfte aus weichem, verderblichem Stoff. *No. 5* ist ein Brancusi. Einzig unter den mir bekannten Düften vermittelt es den unwiderstehlichen Eindruck weicher, kurviger, goldener Materie, die sich genüsslich wie ein schläfriger Panther von der Kopfnote bis zum Fond räkelt. Ja, es hat Rose, Jasmin und Aldehyde, so, wie ein perfekter Körper Arme und Beine hat. Aber ich misstraue jedem, der beim Schnuppern dieses Dufts noch genügend Sinne beisammen hat, um sich die Einzelteile vor Augen zu führen. LT

Gutes Geld für Mist in glänzenden Verpackungen: Damit belügt die Schönheits- und Parfumindustrie die Frauen schon so lange, dass es heute selbst für die beste Qualität schwer ist, ernst genommen zu werden. Der Beweis: Die immer wieder gestellte, dumme Frage, ob *Chanel No. 5* wegen des Dufts oder wegen des Marketings zum Bestseller geworden ist. Gut gemachtes Marketing kann uns einmal dazu verführen, etwas zu kaufen, aber selten mehr als einmal. Wir tragen *Chanel No. 5* nicht, weil Marilyn Monroe es getragen hat; wir tragen es aus demselben Grund, aus dem Marilyn es getragen hat: Weil es umwerfend ist. Was *No. 5* aus der Reihe seiner weniger bekannten und zumeist eingestellten Cousins heraushob, war eine vorteilhafte Mutation: Eine Überdosis der als aliphatische Aldehyde bekannten hellen Aromastoffe, die, wenn man sie pur riecht, zu herb sind, jedoch dem übrigen holzig-blumigen Duft (der von der Struktur her vielen anderen sehr ähnlich ist) ein intensives, unvergessliches, rein-weißes Glühen verleiht.

Ob der kräftige Schuss Aldehyde wirklich dem Versehen eines Labortechnikers geschuldet ist, wie die Legende will, oder ob der brillante Ernest Beaux, Parfümeur bei Chanel, selbst auf die Idee gekommen ist, bleibt ungewiss; doch die Welt der Düfte ist seither nicht mehr dieselbe. Viele andere aldehydige Blumendüfte sind inzwischen auf den Markt gekommen und derart zu Seifenformeln verflacht, dass sie für uns nach Seife riechen. *Chanel No. 5* dagegen ragt höher heraus denn je. Warum? Weil die Firma alles in ihrer Kraft Stehende getan hat, seine Schönheit zu bewahren, selbst als viele andere berühmte Parfums ihrer ursprünglichen Größe nach und nach beraubt wurden. Das, was es einst mit anderen teilte, unterscheidet es heute von ihnen.

Chanel war schon vor Jahren klug genug, seine eigenen Jasmin- und Rosenfelder zu kaufen, und ist überhaupt bekannt für seinen Fanatismus bei der Auswahl der Rohstoffe. Dank ständigem, sorgfältigem Justieren riecht *No. 5* auch heute noch wie *No. 5*, und das trotz der jährlich schwankenden Qualität der Ausgangsstoffe. Auf meinem rechten Handgelenk trage ich ein *No. 5 Parfum*, das über sechzig Jahre alt ist, und auf meinem linken einen Spritzer einer ganz neuen Charge. Die Moschusnoten sind anders (wow, die alten Nitromoschusnoten riechen toll), die Kopfnoten des Vintageparfums beschädigt (rauchig, verbraucht, ein Anflug von verbrannter Butter), doch nach einer Viertelstunde sind die beiden fast identisch: Ein Meisterwerk moderner Bildhauerei von 1921, das man tragen kann. Keine Spur jenes plüschig-rüschigen Samtkissendufts von *Shalimar* oder *Vol de Nuit*, des trendig Schrägen von *Tabac Blond* oder *Narcisse Noir*, des Dramas von *Fracas* oder *Bandit*. Es ist ein perfekt proportioniertes Wunder, aus einem Guss, mit einer weichen Oberfläche, doch solid wie Marmor, ein Monument vollkommener Struktur und Textur. Und da gibt es noch Leute, die glauben, ein Parfum sei keine Kunst. TS

2011: Ganz bestimmt hat die Chanel-Besatzung Extraschichten eingelegt, um *No. 5* angesichts der Beschränkungen und Lieferschwierigkeiten, die praktisch alle Zutaten betreffen – Jasmin, Rose, Sandelholz, Zitrus –, zu erhalten. Dass die 2011er der ursprünglichen Version überhaupt nahe kommt, zeugt von großem Geschick. Lediglich eine seltsame ketogene Kopfnote, weniger üppige Nussigkeit im Herzen und weniger Ausdehnung im Fond erinnern uns daran, dass die IFRA eine Horde von Verrätern ist. LT

»Man darf auch Glück haben.«

Helle Helle, SIE und BOB

Deutsch von Flora Fink

Liebe Leserin, lieber Leser –

Wir halten Sie gerne über unser Programm auf dem Laufenden. Senden Sie uns eine Mail mit Ihrer Adresse an: verlag@doerlemann.ch oder schicken Sie uns diese Karte ausgefüllt zurück.

Name: ______________________

Straße: ______________________

PLZ, Ort: ______________________

E-Mail: ______________________

Unser besonderer Tipp:
Der Literarische Kalender »Glück«
Immerwährender Kalender/Journal. 160 Seiten
ISBN 978-3-03820-133-5

bitte frankieren

DÖRLEMANN Verlag AG
Neptunstraße 20
CH-8032 Zürich

Odalisque (Parfums de Nicolaï) *frisches Chypre* €€€
Hin und wieder geschieht es, dass ein Parfümeur bei der Kreation eines neuen Parfums die bekannten Gestade verlässt und an jungfräulichen Ufern landet, um diese fortan für sich zu beanspruchen. In der Folge unterliegt das Schicksal des Parfums den Wirrungen von Finanzen, Fashion und Fortune. Einige Inseln, wie *Angel*, begeistern die breite Masse. Andere, wie *Odalisque*, entpuppen sich als die Kerguelen Inseln der Parfumwelt: unberührt, windumtost und fast vergessen. Bis Patricia de Nicolaï sie zielsicher aufspürte, hätten nur wenige vermutet, dass in der See zwischen den scheuen, melancholischen, blutleeren Blumendüften wie *Après l'Ondée* und den kantigen grünen Chypres nach Art von *Cristalle* eine Insel auftauchen könnte. Und doch gab es sie: *Odalisques* hervorragend beurteilte blumige Note aus Jasmin und Iris, abstrakt und doch sehr körperlich, vereint zu einem salzigen Hauch von Eichenmoos, erscheint zu Beginn flüchtig, erweist sich im Gebrauch jedoch als robust und strahlend. Man gewinnt den Eindruck, der Parfümeur hätte geschickt Schicht um Schicht einer klassischen Chypre-Note abgetragen, bis marmornes Licht hindurchschimmerte. Ein einzigartiges, unterschätztes Wunder, auch großartig an einem Mann. LT

Opium (Yves Saint Laurent) *König der Würze* €
Opium verkörpert mehr als jedes andere Parfum das eigenartige Phänomen von Liebe, die in Abscheu umschlägt, auch Mode genannt. Es ist unbestreitbar einer

der großartigsten Düfte aller Zeiten, nicht nur wegen seines phänomenalen Erfolges, sondern weil dieser verdient war. Und dennoch stößt mich der Duft mittlerweile geradezu ab. Warum? Angenommen, man stellte eine Liste der grundsätzlichen Eigenschaften auf, die einen großen Duft ausmachen: Ganz oben stünde Unverwechselbarkeit, danach Abstrahlung und schließlich (um alle *Amarige*-Mutanten auszuschließen) die Fähigkeit, mit natürlichen Düften zu interagieren. *Opium* verfügt in reichem Maß über die beiden ersteren und erfüllt den dritten Punkt mit Anstand. Doch das trifft ebenso auf *Shalimar*, *Chanel No. 5* und einige andere große Parfums zu. Woran liegt es, dass *Opium* sich überholt hat, während fünfzig Jahre ältere Düfte frisch sind wie der junge Tag? Ich glaube, die Antwort liegt in seinen Qualitätsmängeln. Der Vergleich mit seinem praktisch gleichaltrigen, unfreiwilligen Zwilling *Cinnabar* veranschaulicht dies: Beide verdanken ihre Existenz derselben Inspiration, bis hin zu Land (China) und Farbe (Zinnober). Beiden würzigen orientalischen Düften ist eigentümlich, dass sie, fast ausschließlich aus Basisnoten komponiert, keine zeitliche Entwicklung durchlaufen, keinen Duftbogen entfalten, der ihnen Leben einhaucht; sie sind sozusagen das Gegenstück zu einer defekten Armbanduhr, die auf immer zehn Uhr abends anzeigt. Doch damit endet die Ähnlichkeit. *Cinnabar* war üppig, warm und kuschlig. *Opium* hatte eine Aussage, eine einzige, und die verkündete es mit Nachdruck. Doch so bestechend sie ist, man wird sie leid. Dies, und nicht die Qualität seiner Ingredienzien, ist der Grund dafür, dass Opium 1980 so faszinierend war und heute so ermüdend ist. LT

2011: Schwächer, dünner und flacher. LT

Or Black (Pascal Morabito) *dunkles Fougère* €€
Man sollte die Firma von Pascal Morabito nicht mit der seiner Eltern – Morabito tout court – verwechseln, die ebenfalls einige Düfte vertreibt. PM produziert schöne Schiffskoffer aus schwarzem Büffelleder, ausgeschlagen mit lachsfarbener Seide, und äußerst seltsame Ringe aus einem Material, das wie Kunststoff aussieht, aber tatsächlich aus synthetischem Saphir besteht, und kostbare Steine einfasst. Er vertreibt diese beiden Düfte (*OB* und *Or Noir*) seit Jahrzehnten, ohne dass er meines Wissens irgendeine Werbung dafür gemacht hätte außer sie in seinen schwer zu findenden Geschäften wie zufällig herumstehen zu lassen. *Or Black*, ein extremes Fougère, rauchig, dunkel, bitter, harzig-grün wie dreimal destillierter Earl Grey, geht sogar noch einen Schritt weiter als selbst *Rive Gauche pour Homme* in seiner düsteren Herrlichkeit. Sensationell. LT

Muster von 2007. In seiner »Mutter aller Duftverzeichnisse« führt Michael Edwards den Duft als nicht mehr erhältlich, doch beim Verfassen dieser Zeilen bietet ihn Pascal Morabito auf der Webseite immer noch an.

Ormonde Man (Ormonde Jayne) *grün-holzig* €€€
Maskuline Düfte (genau genommen praktisch alles Mas-

kuline) verlassen selten die sicheren Pfade erprobter und geprüfter Klischees. Die wenigen Beherzten trifft der Zorn Gottes. Nach wie vor schütteln Menschen angesichts des brillant originellen *Insensé* (Givenchy 1993) ungläubig den Kopf: »Ein blumiger Herrenduft …« Man braucht Mumm, um anders zu sein. *Ormonde Man*, vom Ursprung her eher feminin angelegt, ist ein sinnliches, blumig-holziges Parfum, das in seinen Kopf- und Basisnoten einen gedämpften turmalingrünen Akkord anschlägt. Den man stets aufs Neue hören möchte. LT

Ormonde Woman (Ormonde Jayne) *Wald-Chypre* €€€
Alle um einen holzigen Duftkomplex komponierten Frauenparfums, an die ich mich seit *Bois des Iles* erinnere, waren kuschelig, pudrig-rosig, mit einem Anflug von Glühweingewürzen und dem fellweichen, wohlig-warmen Gefühl, das eine dösende Katze vor dem Kamin in uns auslöst; oder, in jüngerer Vergangenheit, ein einfaches, vom Geist der Hippies inspiriertes Gebräu, das vor allem den herrlichen Duft des kaum erhältlichen Sandelholzöls evozieren sollte. *Ormonde Woman* ist das einzige mir bekannte Parfum mit einer abstrakt-holzigen Note, das den angeborenen Reflex in uns auslöst, den wir haben, wenn wir in einen Wald treten: tief einzuatmen und die Lungen bis zum Bersten zu füllen. Es ist ein ausgereiftes Parfum mit all der Raffinesse von *Bois des Iles* und seinesgleichen, doch ohne dessen schläfriges Wohlbehagen. Stattdessen verfolgt einen etwas Unheimliches, hohe Tannen, die sich der Nacht zuneigen – ein bitteres,

tintiges Eichenmoos, ein trockenes Knacken von Zedernholz und ein schwaches, köstliches, süß lockendes Amber, wie das ferne Winken des Knusperhäuschens. Einlullend und verstörend zugleich, und wahrhaft großartig. TS

Osmanthe Yunnan (Hermès) *milchiger Tee* €€€€
Als Jean-Claud Elléna, heute Hausparfümeur eines kleinen lederverarbeitenden Unternehmens namens Hermès, zum ersten Mal den seifigen Wildleder-Aprikosen-Duft der Osmanthusblüte verwendete, damals noch für *Osmanthus* von The Different Company, fühlte man sich an eine jener vermeintlich einfachen, hübschen Melodien von Paul McCartney erinnert, die so einleuchtend scheinen, dass man meint, er finde sie vollkommen ausgereift auf der Straße. Elléna hätte es damit bewenden lassen können und wir wären es zufrieden gewesen. Stattdessen legt er *Osmanthus* etwas Rauchtee auf, was zu einer banalen Nachbildung von traditionellem chinesischen Osmanthus-Tee hätte führen können, an sich auch keine schlechte Idee. Doch auf der Haut entwickelt *Osmanthe Yunnan* eine unerwartete milchige Süße, die das, was von Ferne betrachtet kühl wirkt, aus der Nähe warm und einladend macht. Sagen wir es so: Eine vorbeiziehende Osmanthus-Wolke wäre recht angenehm, doch *Osmanthe Yunnan* will man auf den Grund gehen. Es ist ein Parfum reinen Glücks. Wäre ich – bevor ich es gerochen habe – gefragt worden, ob ich einer von Ellénas minimalistischen Kompositionen der letzten Jahre

die Bestnote für die künstlerische Leistung geben würde, hätte ich nein gesagt, im besten Fall vier Sterne fürs Design. Welch ein Fehler. *Osmanthe Yunnan* ist von A bis Z schön, unverwechselbar, perfekt, unvergesslich und unprätentiös. Bis dato Ellénas beste Arbeit für Hermès. TS

Oud Cuir d'Arabie (Montale) *Leder, Oud* €€€
Endlich vereint! Oud und Leder, zwei schlachtenerprobte, wettergegerbte Action-Helden der Parfumwelt erscheinen auf demselben Filmplakat. Ich stelle mir vor, wie sie sich in knöchellangen Staubmänteln, die Schrotflinte respektive Peitsche im Anschlag, vor der untergehenden Sonne abzeichnen. Höchste Punktzahl für Montales Gefangene-werden-nicht-gemacht-Duft, der alles zusammenfasst, was in der Welt der Parfums zugleich schroff, ungenießbar und läuternd ist. LT

2011: Von mit einem Schimmelpilz befallenen Bäumen gewinnt man die pflanzliche Substanz Oud, die unerwartet tierisch riecht. Während die Stunden verstreichen, wird die Basisnote zu einer spirituellen Allegorie: Das Animalische verraucht, der Balg tritt in den Hintergrund, hervor tritt ein süßer, harziger Hauch, nicht wirklich kräftig, vielmehr leidenschaftlich. An einem Mann hat es den von Luca beschriebenen Clint Eastwood-Charakter. An einer Frau zeigt es unerwartete Ähnlichkeit mit den orientalischen Düften im Stil der großen Achtziger wie *Opium* und *Red Door* und ist am schönsten am Morgen danach, auf einem gemütlichen ungewaschenen Spaziergang, mit Mascara an den Schläfen wie ein Pharao. TS

Patchouli 24 (Le Labo) *absonderliches Leder* €€€
Im Gebäude der biologischen Fakultät der staatlichen Universität Moskau, in der ich früher sommers arbeitete, gab es ganz oben, direkt unter dem heißen Dach, einen kleinen, stickigen Speicher. Seit Ewigkeiten allein und ohne Gesellschaft hatten die vanillesüßen, moderdnden alten Bücher eine phenolische Plauderei mit den scharfen Chemikalien und den duftenden, lichtbrechenden Ölen in den Gläsern begonnen, in denen eingelegte Proben blind umherschwammen. Der Geruch, zugleich betörend, wohltuend und giftig, erschien mir wie ein Parfum für einen hochintelligenten Bibliothekar. Annick Ménardos poetisches Genie hat diesen überhitzten, verborgenen Raum für mich unversehens wieder zum Leben erweckt. Deshalb werde ich an diesen Duft fürderhin stets als »*Labo de Russie*« denken. LT

Pleasures (Estée Lauder) *blumiger Schnee* €
Im Rückblick zeigt sich, dass *Pleasures* (1995) eine Trendwende in der Geschichte der Parfumwelt markiert, den Sturm auf die Bastille edler Düfte, jenen Augenblick, in dem schlichte Seife endlich das Ancien Régime stürzte und dessen leere Paläste in Besitz nahm. Seine revolutionären Vorgänger *Chanel No. 22* und *White Linen* illustrieren den mühseligen Weg vom Wunsch zur Erfüllung. Aldehyde sind schon immer kraftvoll und preiswert ge-

wesen, ebenso wie blumige Basen, weshalb sich Seifen-Parfümeure ausgiebig bei den erschwinglichen Varianten von *Joy*, *No. 5* etc. bedienten. Qualitätsseifen taten sich dabei besonders hervor, und die Werbung (Lux, Camay) begann züchtig badende Blondinen zu zeigen, bis zum Hals in weißem Schaum, mit dem man mühelos einen Raffinerie-Brand hätte löschen können. Die Seifenhersteller hatten nie den Nerv, ein Parfum mit dem Duft der Riegel zu kreieren (meiner Meinung nach würde sich ein »Dove Eau de Parfum« gut verkaufen), weshalb es den Parfumproduzenten überlassen blieb, diese plebejischen Gelüste zu befriedigen. Doch scheiterten sie an ihrem vornehmen Gebaren: Die Rose war stets zu gut (*White Linen*), der Moschus zu lieblich (*No. 22*). In den frühen Neunzigern geschahen zwei Dinge. Zum einen wurde der Abstand von edlen zu funktionalen Düften durch die unerbittliche Vereinfachung der Formeln gefährlich eng, ein sicheres Rezept für Klassenkämpfe. Zum anderen entwickelte die großartige Parfumfirma Firmenich Moschusstoffe (Muscenone, Habanolide), deren seifiger, schneeiger Glanz an Aldehyde erinnerte. Plötzlich konnten Parfums Seife überdauern, ohne vom Kurs abzukommen. Karen Khoury von Lauder und Alberto Morillas und Annie Buzantian von Firmenich ergriffen die Gelegenheit: *Pleasures*. Es traf den Geschmack von Frauen, die die schrillen Parfums der Achtziger leid waren. Sie wollten einfach sauber duften, und zwar nicht nur vorübergehend, sondern den ganzen Tag, und so ihre reinen Absichten betonen. Die Botschaft lautete: keine

Fremdstoffe; die angenehme, weiße Abstrahlung verdankt sich ausschließlich blitzender Sauberkeit. Unglücklicherweise zeugte die geschrubbte Schlichtheit von *Pleasures* eine Brut, die noch immer unter uns weilt, doch darf man einem Pionier sicher nicht die billigen Imitationen der Nachahmer zum Vorwurf machen. LT
Muster von 2007

Poison (Dior) *Tuberose XXL* €
Poison zu bewerten, ist ein wenig, als würde man einen Abrams-M1-Panzer im abendlichen Stoßverkehr Probe fahren. Die Menschen scheinen einfach den Weg frei zu machen, und tun sie es nicht, muss man nur den Turm schwenken, um sie daran zu erinnern, dass man es ernst meint. Dies ist der Duft, der leidenschaftlich gehasst wird, das Biest, das die achtziger Jahre prägte, das Parfum, das mich einige Freundschaften und eine Arbeitsbeziehung gekostet hat. Darüber hinaus ist es fraglos eine der bestgekleideten, klebrigen Tuberosen der Geschichte und hängt *Amarige* und das erste *Oscar de la Renta* in der Kategorie »diese Nacht wird er nie vergessen« meiner Ansicht nach locker ab. Es darf in keiner Parfumsammlung fehlen, aber bitte, bitte, tragen Sie es nie zum Essen. LT

2011: Die Veränderungen, die für die Dior-Parfums der Vor-Achtziger eine Katastrophe waren, erwiesen sich für die späteren als Segen. Aus nächster Nähe ist *Poison* noch immer eklig-sirupig, doch seine Ausstrahlung hat sich geändert: Trockener, holziger und transparenter erinnert es an einen Stapel frisch gesägter Bretter. Eine willkommene Verbesserung. TS

Pour Monsieur (Chanel) *maskulines Chypre* €€
Von Rechts wegen müsste *Pour Monsieur* als männliches Urparfum neben Urmeter und Urkilogramm im Pavillon de Breteuil unter einer Glasglocke stehen. Technisch gesehen handelt es sich um einen frischen Chypreduft, der den Akkord von frischer Bergamotte, lieblichem Labdanum und strengem Eichenmoos in einer Vollkommenheit verkörpert, die das Genre definiert. Zugleich aber definiert es das exakte Timbre und Volumen, die ein klassischer Männerduft besitzen sollte: eine warme, entspannte, selbstbewusste Stimme, verhalten melodiös, in der ein Lächeln mitklingt. Lauschen Sie aufmerksam, dann müssen Sie Baltasar Graciáns *Kunst der Weltklugheit* nicht mehr lesen. LT

2011: Bis 2007 gab es erstens *Pour Monsieur*, das Original, ein Meisterwerk, so nah an Cotys originalem *Chypre* wie nur irgend möglich, und zweitens *Pour Monsieur Concentrée*, einen Versuch der Versüßung und Modernisierung. Chanel behauptet, die beiden Düfte vereint zu haben, doch alles, was wir jetzt haben, ist das Concentrée, das mit einer konservativen Lavendel-Fougère-Kopfnote beginnt (für Männer, die jedem Duft misstrauen, der sie nicht hat) und sich erst nach und nach dem Original annähert. TS

Pour un Homme (Caron) *Lavendel, Vanille* €€
Das hat mein Vater benutzt. Die Werbung in den Fünfzigerjahren pries es als *un parfum stimulant et pénétrant,* höchst amüsant, wenn man bedenkt, welch beruhigende Wirkung die Aromatherapie Lavendel zuschreibt. Tatsächlich handelt es sich einfach um einen angenehmen Lavendelduft mit einem Hauch von Vanille. Lavendel besitzt eine grasige Basisnote, die sowohl zu Minze als auch zu Karamell tendieren kann und manchmal sogar an Bockshornklee erinnert. Ich bevorzuge Minz-Lavendel, aber *Pour un Homme* beweist, dass man Karamell-Lavendel sehr wohl geschickt zu einer warmen, orientalischen Basisnote komponieren kann, ohne direkt bei *Jicky* zu landen. Dabei bleibt eine Grundfrische erhalten, die unerklärlicherweise stundenlang anhält. Vielleicht der beste Lavendelduft überhaupt. LT

Private Collection (Estée Lauder) *blumig, Chypre* €€
Selbst ein Snob, der bei jedem nicht aus Kontinentaleuropa stammenden Parfum die Nase rümpft, muss diesem Klassiker von 1973 die Reverenz erweisen. Für mich riecht es wie eine Kombination aus der französischen Tradition üppig-blumiger Chypres und Lauders eigenem, zutiefst amerikanischen, seifig-pudrig-reinen *White Linen.* Ursprünglich soll *Private Collection* Lauders privater Duft gewesen sein, bis Freunde sie in ihrer Bewunderung überzeugten, es auch zu verkaufen. Wenn das stimmt, beweist es, dass die Dame Geschmack besaß. Das intensiv pudrige, üppige, süße und

blumige Bouquet wird von einem angenehm trockenen, holzigen Stil aufgefangen, der mich an meine Faustregel für die Garderobe erinnert: Je verspielter das Muster, desto klarer der Schnitt. So vereint der Duft das Jungmädchenhafte mit dem Erwachsenen. Gutaussehend, sonnig und selbstbewusst, zugleich leuchtend und beharrlich, darf er ohne Weiteres neben den großen französischen Klassikern im Regal stehen. Wenn Sie noch nie ein Lauder-Parfum probiert haben, beginnen Sie mit diesem. TS
Muster von 2007.

Promesse de l'Aube (Parfums MDCI)
Pfirsich, Rose €€€€
Ich habe es bereits erwähnt, aber ich wiederhole mich gern: Es gibt nichts Besseres als Chypre. Francis Kurkdjian, der allem Anschein nach über unermesslichen Formelreichtum verfügt, hat ausgezeichnete Arbeit geleistet, und dies in klassischer Manier. Die Melodie dieses Parfums (dessen Name *Frühes Versprechen* bedeutet, nach Romain Garys autobiographischem Roman), mag nicht rasend originell sein, aber die Orchestrierung rührt zu Tränen. Alles stimmt: die Proportionen, von Kopf- bis Basisnote; das Gewicht, solide, aber nicht schwer; der Bogen, majestätisch und liebkosend. Der Duft ist eine Hommage an die Fünfzigerjahre, in der geschmeidigen, modernen, aprikosenflaumigen Art von *31 Rue Cambon*, dem es einige Jahre vorangeht. Superb. LT

2011: Dieses neue Muster riecht nicht nach einem sonnigen Duett aus Orangenschale und Rose, sondern nach dem modernen Vanille-Holz-Brummen etwa von *Dune*. Parfums MDCI weist darauf hin, dass die Charge, aus der das Muster stammt, fehlerhaft gewesen sein könnte; sie wurde seither vernichtet. Falls das erste Aufsprühen bei Ihnen nuschelt statt singt, bringen Sie die Flasche zurück. TS

Rive Gauche (Yves Saint Laurent) *ultimative Rose* €
Wahrscheinlich der beste Blumenaldehyd aller Zeiten. *Rive Gauche* wurde 1969 von dem bei Chanel zu Ruhm gelangten Jacques Polge komponiert und 2003 von Daniela Andrier und Jacques Hy von Givaudan überholt. Ich habe nicht die geringste Ahnung, warum YSL daran herumgebastelt hat und grundsätzlich lehne ich jedwede Änderung oder Modernisierung eines solchen Meisterwerks ab. Die Ausgewogenheit der Zitrus-, Rosen- und Grünnoten vor dunkel harzigem Hintergrund des alten *RG* war wunderbar. Ich besitze eine alte Probe (circa 1980) und eine neue. Der Vergleich wird dadurch erleichtert, dass der schöne opake Metallzerstäuber der bestmögliche Behälter für die Langzeitaufbewahrung ist. Alt und neu unterscheiden sich gleich zu Beginn: Das alte *RG* besitzt eine kräftige teerige Kopfnote, die den düsteren dramatischen Ton der gesamten Komposition vorgibt. Die Herznoten der beiden sind ähnlich, und die »Form«, wie Edmond Roudnitzka gesagt hätte, bleibt gewahrt. Das neue *RG* ist heller, strahlender, fruchtiger,

was zum Teil an der lagerungsbedingten Instabilität der Zitrus-Aldehyde liegen kann. Etwa eine Stunde lang nähern sich die Parfums einander an. In der Herznote des alten *RG* finden sich seltsam plastikhafte Töne, die dem neuen fehlen. Danach fahren die beiden bis zur Basisnote parallel, und das Neue liegt meiner Meinung nach gleichauf. Wenn ich den Unterschied ganz allgemein beschreiben sollte, würde ich sagen, das alte *RG* war eher Heil- das Neue Nahrungsmittel. Beide sind ausgezeichnet. Probieren Sie das Neue, aber falls Sie doch das Alte vorziehen, wird es in den kommenden Jahren sicher über eBay oder andere Websites erhältlich sein. LT

Rush (Gucci) *lactonisch, Chypre* €
Gibt es einen besseren Duft zum Ausgehen? Angeblich soll Tom Ford zwei Sekunden gebraucht haben, um die Formel für gut zu befinden, und falls jemand länger dafür braucht, reichen Sie ihm ein Nasenspray. Als der milchige, holzige Pfirsich-Jasminduft in seinem undurchsichtig-roten Plastikrechteck in die Läden kam, war es ein kleiner Schock, wie weiland der elektrische Dylan. Zwar hatte *Rush* die bekannte Grundstruktur jener netten, kuschelig-lactonischen Blumendüfte, die die Mädchen schon seit Jahrzehnten gut riechen ließen, doch kam sie hier als fröhliches Durcheinander aus Haarspray und Krach daher, mit einer köstlich dissonanten, *Habanita*-artigen Basis aus Patchouli, Vetiver und Vanille, die seine Stimme ein wenig knurren ließ. Es ist kein Parfum für Büro, Theater oder elegantes Essen. Es verkündet

seine salopp-gute Laune schon von Weitem; Pech für jeden Umstehenden, der seinen Geruchssinn für etwas anderes brauchen wollte. Es ist Freiluftkino auf Großleinwand. Und obwohl es so neu, so selbstbewusst, so verwegen, so gegenwärtig riecht, bleibt *Rush* jederzeit behaglich und lebendig, wird nie zum kühlen Fremden. Diese Kreatur mag ein Alien sein, doch ihr Blut ist warm.
TS
Muster von 2007.

Sarrasins (Serge Lutens) *blumiges Leder* €€€
Es heißt, der junge belgische Komponist Guillaume Lekeu sei in Ohnmacht gefallen, als er das erste Mal den vierten Akkord von Wagners *Tristan* hörte, und habe auf einer Trage abtransportiert werden müssen. Wäre er heute unter uns, von Wagner geheilt und leidenschaftlich für Düfte entbrannt, böte ich ihm erst einen Stuhl an, ehe ich ihn an *Sarrasins* schnuppern ließe. Mit Sicherheit hielte ich auch ein Fläschchen 4711 griffbereit, um ihn im Notfall wiederzubeleben. *Sarrasins* (Saracens) setzt mit einer Fanfare regelrecht indolischen Jasmins ein. Man hat kaum »sehr schön« gesagt und begonnen, über die Frage nachzudenken, wie es wohl mit diesem weißblumigen Duft weitergeht, da mutiert er kurzfristig zu etwas, das man für eine dunkle, unterschwellige Ledernote hält, um gleich darauf mit einer strahlenden Aprikosenexplosion zu überraschen. Für mich duftet dieser Leder-Aprikosen-Akkord nach *Osmanthus*, und das Duett mit Jasmin klingt wunderbarerweise stundenlang. Ich bin ein

Lutens-Fan der ersten Stunde, doch in letzter Zeit gab es einige Düfte, die für meinen Geschmack zu laut, ja geradezu rüde waren. Dieses Parfum hingegen spielt in einer ganz anderen Liga, was Absicht wie Ausführung betrifft, ein ehrgeiziges, abstraktes, großes, üppiges, hinreißendes Objekt der Schönheit, das auf der Haut fantastisch duftet, bar jeglicher überflüssiger Orientalismen, und ebenso gut zur neuen Kollektion von Chanel gehören könnte. Eine leise Warnung: Der Duft ist von intensivem Lila und hinterlässt auf Papier und Stoff ähnliche Flecken wie Wein. LT

Scent (Theo Fennell) *Safran, Moschus* €€€
Theo Fennell ist ein britischer Juwelier, der neben vielen anderen unentbehrlichen Schätzen massive Silberdeckel für Marmite-Dosen verkauft. Sein *Scent*, komponiert von Christophe Laudamiel, ist eine wunderbare Überraschung. Beworben als »altmodisches« Parfum ist es in Wahrheit nichts dergleichen, sondern ein modernes Meisterwerk. Der Duft setzt mit einem bemerkenswert sahnig-frischen, strahlenden Akkord aus Safran und Moschus ein. Dann geschieht etwas Seltsames: Er verwandelt sich in einen Guerlain Transformer. Zunächst gesellt sich eine Lavendel-Vanille-Note hinzu, die an *Mouchoir de Monsieur* gemahnt. Eine Stunde später ist es zu einem warmen, holzig-pudrigen Duft mutiert (ähnlich *Attrape-Coeurs*). Noch später rückt ein intensiver holzig-ambriger Akkord das Parfum in gefährliche Nähe zu *Héritage* und damit zu allen *Héritage*-Transvestiten, die derzeit erhält-

lich sind, wie *Chance*. An diesem Punkt warteten TS und ich nur darauf, dass es von dieser Klippe in die Hölle der grauenhaften Basisnoten stürzte. Es taumelte eine Weile am Rand entlang und wich dann zurück, um zu unserem Erstaunen nach vierundzwanzig Stunden auf dem schmalen Grat zum anfänglichen Moschus-Safran-Akkord zurückzukehren. Die ganze Zeit jedoch erfüllte es vollumfänglich das Kriterium von Guy Robert: »Ein Parfum muss gut riechen.« Schwer zu sagen, ob *Scent* besser zu Männern oder Frauen passt. Wie auch immer, es ist originell, unvergesslich und technisch brillant. LT

Wird nicht mehr hergestellt. Man ließ ihm keine Zeit. Oh kleinmütiger Hersteller! TS

Sécrétions Magnifiques (Etat Libre d'Orange)
Blume nautisch €€
Umwerfende Sekrete! Dieser dadaistische Name brachte mich zum Sabbern. Der Duft ist gleichzeitig weniger und viel mehr als erwartet: Er ist keineswegs eine (angeblich) animalische Obszönität, die auf der Annahme basiert, dass wir schmutzige Unterwäsche sammeln oder dieselben Nachtclubs frequentieren wie Katzen und Hunde. Sondern ein elegant-frischer Blumenduft à la *Odalisque* von Parfums de Nicolaï, allerdings mit der dämonischen Zugabe eines Hauchs von Maschinenraum, bei dem es sich, wie meine bebende Nase mir versichert, nur um ein Nitril handeln kann. Vor etlichen Jahren habe ich mich zur Verteidigung eines heute vergessenen Stoffs namens

Merenil aufgeschwungen, der genauso roch: ölig, metallisch, vollkommen unpassend. Er bettelte förmlich darum, intelligent genutzt zu werden. Ich bin hocherfreut, dass das möglich war. LT

2011: Riecht noch genau gleich. Fürs Protokoll: Zu diesem Duft hätte ich schon immer ein abweichendes Urteil abgeben müssen. Ein Stern. Es riecht einfach eklig, wie ein Tropfen *J'Adore* auf einer Auster, von der man weiß, dass man sie besser nicht isst. Passen Sie bloss auf, dass man Ihre Nase nicht mit einem damit besprühten Papierstreifen berührt. Ich weiß, Luca ist ein begnadeter Proselyt, doch glauben Sie mir einfach. TS

S-eX (S-Perfume) *Weltraumleder* €€€
Felice Bianchi Anderloni, Gründer des legendären Karosserieherstellers Carozzeria Touring (1926–66) war der Ansicht, dass Luxus und Schick einander zum großen Teil ausschließen. In den Vierzigern bezog er in vielen seiner Autos das Armaturenbrett mit Leder, das wiederum von Acrylglas geschützt wurde. Das wirkte derartig modern, dass es die meisten anderen Bemühungen um automobile Eleganz alt aussehen ließ. Wie mir scheint, teilt Christoph Laudamiel Anderlonis Gereiztheit gegenüber reinem Plüsch. *S-eX* ist ein ledriger Duft im großen Stil von *Cuir de Russie*: üppig, geschmeidig und angenehm weich, mit einer leichten, glänzenden Plastik-Note. Die Retro-Anmutung, die den meisten Lederdüften eigen ist, wandelt sich so in den Duft eines

Autos, in dem sich anzuschnallen noch keiner von uns das Glück hatte. LT

Shalimar (Guerlain) *ultimativ orientalisch* €€
Als ich zum Schreiben Platz nahm, hatte ich *Shalimar* schon jahrelang nicht auf meiner Haut gerochen. Es war ein Schock. Ich hatte nur noch die ambrig-vanillige Basisnote im Gedächtnis, einen plüschigen, pflaumenroten Samthauch, der einen »Abend in Paris« verheißt, mit Blick auf den erleuchteten Eiffelturm in der Silvesternacht. Heute denke ich bei *Shalimar* an jene eigenartigen grellbunten Muster – kühne Wischer in lebhaften Farben –, mit denen im Ersten Weltkrieg Schlachtschiffe gestrichen wurden, damit sie aus der Ferne unsichtbar waren. Von Nahem ist es intensiv holzig-rauchig mit schweren animalischen Noten, eine Art *Jicky* mit Uhrwerksantrieb. Aus größerer Entfernung atmet es ein vanilliges Ambra mit wenig außergewöhnlicher Abstrahlung. Vergleichbar der Reichweite einer Waffe verrät *Shalimars* Wirkung auf mittlere Distanz, welche Schäden es anrichten könnte. Es ist nicht für den Mann gedacht, der es – Arm in Arm mit der Dame auf dem Weg zum Taxi – zu früh riecht. Ebensowenig ist es ein eigentlicher Boudoir-Duft, also eine Art verlängertes Dessert. Viel eher ist seine einzigartig süße, durchdringende Melodie dazu bestimmt, bei einer Dinnerparty die größtmögliche Aufmerksamkeit zu erzwingen, weder unschicklich laut, noch so leise, dass sie untergeht, und außerdem in bestem Einklang mit dem bevorstehenden Mahl. LT

2011: In Abfüllungen neueren Datums war *Shalimar* etwas schwer geworden, mit mächtigen, medizinischen Vanillebestandteilen, die sein Gleichgewicht ins Wanken brachten. Der Schaden ist behoben: Die neueste Version scheint wieder alles ins Lot gebracht zu haben, es ist trockener und sogar besser als zuvor, näher an *Emeraude*. TS

Sycomore (Chanel) *rauchiges Vetiver* €€€
Das Dreamteam von Chanel scheint seine überlegenen Fähigkeiten mit Vorliebe bestehenden Ideen zu widmen, die es der Perfektionierung für würdig erachtet: *Coromandel* war eine Neuorchestrierung von Lutens *Borneo 1834*, und sein *Eau de Cologne* ist für jeden Parfümeur seit den 1750ern der beste Anschauungsunterricht. *Sycomore* ist meines Erachtens eine lehrreiche Fußnote zu Bertrand Duchaufours *Timbuktu*. Letzteres führte ein Konzept von Halspastillen in die Parfümerie ein: eine minzig-lakritzige Frische kombiniert mit einer strahlenden, knisterndes-Holzfeuer-Note. Polge und Sheldrake scheinen begriffen zu haben, dass dieser Akkord die Lösung für das uralte Vetiver-Problem bietet: zu wenig, und es geht in der Komposition verloren, zu viel, und es riecht ewig gleich. Vetiver besitzt sowohl Anis- als auch Rauch-Nuancen. Man stelle ihm klugerweise die beiden Kumpane *Timbuktus* zur Seite, füge noch einen ordentlichen Schuss Sandelholz hinzu, und Vetiver findet sich endlich in würdiger Gesellschaft. Gemeinsam bilden sie einen fremdartigen, ganz natürlichen Akkord, der nach und nach sämt-

liche Schattierungen tiefsten Olivs durchläuft. *Timbuktu* birgt eine gewisse Spannung, ein dunkles Geheimnis, das *Sycomore* jedoch nicht zu kopieren sucht: Vielmehr gibt es sich damit zufrieden, der frischeste, gesündeste und dabei satteste Herrenduft seit Jahren zu sein. Falls Sie beim Auftragen nicht vor Wonne erschauern, suchen Sie einen Arzt auf. LT

Le Temps d'une Fête (Parfums de Nicolaï)
grüne Narzisse €
Guy Kawasaki hat einmal gesagt, er glaube an Gott, weil er keinen anderen Grund für das Fortbestehen von Apple erkennen könne. Da Apple mittlerweile aus dem Gröbsten heraus ist, sollte ich nun für Parfums de Nicolaï beten. Patricia de Nicolaï, Besitzerin und Parfümeurin, ist eine der unbesungenen Heldinnen der Duftwelt, und ihre herausragenden Kreationen überleben trotz des untauglichen Marketings, der absurden Namensgebung und der Unfähigkeit der Truppe, den Verpackungen einen einheitlichen Blauton zu verpassen oder endlich einen Designer anzuheuern, der das schäbige Erscheinungsbild aus seinem Elend erlöst. *Le Temps d'une Fête* ist ihr neuestes Damenparfüm, ein Signal für ihre Abkehr von den unvernünftigen Versuchen, kommerziellere Düfte zu produzieren. Es ist unwiderstehlich lieblich. Darüber hinaus füllt es eine Lücke in meinem Herzen, von deren Existenz ich nicht einmal wusste. Die Struktur von Lancômes *Poême* beeindruckt mich tief, während ich dessen billige, kantige Ausführung enttäuschend finde.

Im Gegensatz dazu habe ich Guerlains *Chamade* stets geliebt, muss aber einen gewissen Mangel an Knochenstruktur beanstanden, besonders bei der letzten Version. *Le Temps d'une Fête* vermählt die beiden und schwingt sich fast bis auf den Gipfel der Perfektion, üppig, strahlend, gediegen, mit der einzigartigen Komplexität kostspieliger Narzisse, streng gefasst von den olfaktorischen Buchstützen grün-blumiger und holziger Noten. Sehr klassisch und wahrlich wunderbar. LT

Timbuktu (L'Artisan Parfumeur) *holzig-rauchig* €€
Bei meiner ersten Begegnung mit *Timbuktu* in einem der Artisan-Geschäfte beging ich den Fehler, daran zu schnuppern, nachdem ich einigen meiner Lieblinge wie *Dzing!* und *Vanilia* aus der älteren und jüngeren Geschichte der Firma guten Tag gesagt hatte. Als ich mich endlich *Timbuktu* zuwandte, war meine Nase erschöpft und ich fand es nichtssagend, beinah geruchlos. Trotz allem nahm ich es zur weiteren Begutachtung mit nach Hause. Wie falsch ich gelegen hatte! *Timbuktu* ist vermutlich das erste echte Meisterwerk dessen, was ich in Anlehnung an die Nouvelle Cuisine *Nouvelle Parfumerie* nennen möchte. Diese Schule, deren Hauptvertreter Jean Claude Elléna und Bertrand Duchaufour sind, zeichnet sich durch vollständige Transparenz aus, durch einen ungewöhnlich großen Anteil hochqualitativer Naturstoffe und etwas, das sich am ehesten als Abwesenheit der Blechbläser im Orchester beschreiben lässt. Diese Orchestrierung für Saiten- und Holzblasinstrumente bringt

Parfums hervor, die niemals laut werden. *Timbuktu* beginnt mit einem ungeheuer melodiösen und berührenden Auftakt aus Vetiver, Sandelholz und Weihrauch, der leise scheint, bis man merkt, dass ein Spritzer das ganze Haus mit einem unerwarteten, kaum wahrnehmbaren, jedoch geradezu infraroten Schimmer holziger Frische erfüllt, wie ein modernes Soundsystem, das Musik in alle Räume leitet. In diesem Ausmaß hat noch kein Parfum Abstrahlung vor Wirkung den Vorzug gegeben. Der zentrale Akkord von *Timbuktu* schafft etwas Unerhörtes: einen anhaltend holzigen Ton ohne das schrille Basisnotenkreischen moderner Synthetika. Bertrand Duchaufour erklärte mir, diese Wirkung verdanke sich zum Teil der Verwendung eines seltenen indischen Öls namens Cypriol. Nachdem ich mir einige Proben von Robertet besorgt habe, kann ich bestätigen, dass Cypriol, extrahiert aus dem Gras *Cyprus sacriosus*, beeindruckend ist: eine rauchige Note ohne eine Spur von Öligkeit oder Teer, der holzige Duft eines knisternden Lagerfeuers. Aber Duchaufour hat sein Licht unter den Scheffel gestellt: Keine einzelne, unverarbeitete Ingredienz »schafft« jemals ein Parfum, die Anerkennung für diese meisterliche Komposition gebührt ihm allein. *Timbuktu* ist das einzige moderne Parfum, das, wenn auch auf völlig anderem Weg, die belebende, euphorische Frische repliziert, die erstmals 1888 von Paul Parquet in Flaschen eingefangen wurde, und zwar in Form des obsoleten, jedoch unsterblichen *Fougère Royal*. LT

Tocade (Rochas) *Rose, Vanille* €

Es ist noch viel zu früh, um Maurice Roucels Gesamtwerk zu bewerten, da er regelmäßig neue Wunder hervorzubringen scheint, doch kann ich mir nur schwer vorstellen, dass *Tocade* nicht auch in zwanzig Jahren noch zu seinen drei Spitzenparfums zählt. Als es 1994 auf den Markt kam, bürstete der Duft die beiden damaligen Hauptströmungen gegen den Strich, die überschäumende wie die zaghafte, repräsentiert durch *Angel* und *L'Eau d'Issey*. *Tocades* schlichte, kompakte Schönheit wirkte so trügerisch vertraut, dass die wenigsten erkannten, wie originell es war. Ein floraler Orientale unter vielen. Bar jeglicher seltsamen neumodischen Moleküle. Es machte keinen Hehl aus seiner Absicht: der harmlosen Freude an ein wenig Rose und Vanille, den beiden vermutlich am häufigsten von Parfümeuren verwendeten Inhaltsstoffen. Und doch: Steckt der Teufel im Detail, so gilt dies auch für die Engel. *Tocades* Rose mit dem irisierenden Schimmer von Nagellack, der je nach Blickwinkel seine Farbe ändert, war einzigartig. Auch die Vanille war denkwürdig, perfekt ausgewogen zwischen Eiskrem, Rauch und Zuckerwatte. Alles, von den saftigen Kopfnoten bis zur butterkeksigen Basisnote, schlang sich perfekt, anmutig, fröhlich ineinander und ergab ein Parfum mit lebhaften Augen, lachendem Mund und hübschen tänzelnden Füßen. LT

Muster von 2007.

Tommy Girl (Tommy Hilfiger) *Teeblume* €

Ich kann mich an kein Parfum der jüngeren Vergangenheit erinnern, das mehr unter seiner Erschwinglichkeit gelitten hätte als *Tommy Girl.* Als wäre es ob seiner Promiskuität weniger begehrenswert. Trotz aller historischen Beweise des Gegenteils (*Brut, Canoe, Habanita* und das erste *J-Lo*) wimmelt die Welt von naiven Snobs, die eher ihrem Portemonnaie vertrauen als ihrer Nase. Die Ursprünge des Dufts wurden mir von dessen Schöpferin Calice Becker erklärt, die in einem russischen Haushalt aufgewachsen ist samt dauerköchelndem Samowar und einer Mutter, die eine Leidenschaft für seltsame Teesorten pflegte. Auf Beckers Betreiben nahm der legendäre Chemiker Roman Kaiser von Givaudan Luftproben im Mariage-Frères-Teeladen in Paris, um herauszufinden, woher dessen unvergleichlicher Duft stammte. Daraus wurde eine Teebase entwickelt, an der niemand sonderlich interessiert war. Die Idee lag mehrere Jahre auf Eis, bis 1993 Ellénas ausgezeichnetes, aber nur entfernt an Tee erinnerndes *Eau Parfumée au Thé Vert* (Bulgari) auf den Markt kam. Dessen Erfolg gab Becker Gelegenheit, bei Hilfiger eine Teekomposition einzureichen. Sie erhielt den Zuschlag, und tausendeinhundert Versuche später war das Parfum vollendet, in Zusammenarbeit mit einem begnadeten Evaluator, der danach Philosophie studierte. Tee ist eine absolut sinnvolle Parfumbase, die auf dutzende Arten durchdekliniert werden kann, wie parfümierte Tees beweisen: Souchong, Earl Grey, Jasmin und so weiter. In dieser Hinsicht könnte er als modernes Chypre dienen, ein Mannequin, das nach Belieben bekleidet werden kann. *Tommy Girl* hüllte ihn in die *traje de luces* eines Torero, einen frischen, derart bunt leuchtenden Blumenakkord, dass er als Modell für alle zukünftigen Düfte eingesetzt werden konnte. Erst gegen Ende des Projekts bat Hilfigers Marketingfirma Becker um ein Verkaufsargument, um den Duft als typisch amerikanisch zu bewerben. Quests damaliger Botanik-Experte wurde hinzugebeten und stellte zur Überraschung aller fest, dass sich die Komposition säuberlich in mehrere Komponenten aufspalten ließ, die jeweils typisch für eine einheimische amerikanische Pflanze waren. So ergeht es Projekten, deren Segel der Atem von Engeln bläht. LT

Le Troisième Homme (Caron) *Jasmin-Fougère* €€
Um die Augen zu weiden, schauen sich Frauen, genau wie Männer, Frauen an, denn Männer sind, das ist bekannt, einfach nicht dekorativ genug. Nur ganz selten kommt ein erschütternd schöner Junge daher, der jeden Blick auf sich zieht, selbst wenn seine Frisur rausgewachsen ist, seine schmuddeligen Kleider nicht passen, und er blind für jede Bewunderung seines Weges geht. Schon wenn er in aller Unschuld Milch einkauft, bricht er mehr Herzen, als wir normal Sterblichen während eines ganzen schmerzvollen Lebens auch nur anritzen. Solche Jungen mit langen dunklen Wimpern, glatten Wangen und vollkommenen, schlanken Körpern nennen wir »hübsch wie ein Mädchen«. *Le Troisième Homme*, das seinen Namen dem Film mit Orson Welles entliehen hat und eine Zeitlang als *No. 3* bekannt war, ist ein solcher Junge. Seine Schönheit als androgyn zu bezeichnen

greift zu kurz, denn vor allem anderen, bevor wir männlich oder weiblich auch nur denken, ist es einfach schön. Zum ersten Mal roch ich es an einer Frau und es rührte mein Herz, etwa so wie ein Zweig im Wald sich im Ärmel Ihres Pullovers verheddert. Als ich fragte, wie es heißt, verriet der Klang meiner Stimme, wie sehr ich es mochte. Ich habe es nie an einem Mann gerochen und ich frage mich, ob ich es je werde. Zufälle der Natur sind verzeihlich, doch wie viele Männer schaffen es, absichtlich schön zu sein? Kaufen Sie es, selbst wenn Sie es nie tragen. TS

2011: Der Duft war einmal zur Hälfte mädchenhafter Jasmin und zur Hälfte Heu und Moschus wie Papas Rasierseife. Heute ist er viel näher am Toast, Rum-Kaffee und Lavendel des nicht mehr produzierten *Yohji Homme.* Noch immer sehr gut, hat aber nicht mehr den schönen, androgynen Duft, den ich oben besprochen habe. Beide wären eine lohnenswerte Anschaffung, doch mein Herz gehört dem Original. TS

Ubar (Amouage) *Riesenblume* €€€
Vor Jahren habe ich im Air and Space Museum in Washington einen IMAX-Film gesehen: Er begann mit der körnigen Schwarzweiß-Sequenz eines abhebenden Doppeldeckers, und als man sich gerade fragen wollte, wofür man eigentlich zwanzig Dollar abgedrückt hatte, wurde die Leinwand in Farbe getaucht und weitete sich zu einer riesigen Kugel, und wir flogen über einer Pitts S2 in

leuchtenden Rot- und Weißtönen über einen herbstbunten Wald. Sogar der Sound war überwältigend. Alles rief »oh« und »ah«, und ich schüttelte in zehn Millisekunden vier Jahrzehnte ab. Nach einer Reihe von Heimsuchungen durch mehrere Dutzend plattfüßige, rachitische moderne Düfte, entworfen von depressiven Buchhaltern, war die Begegnung mit *Ubar* ein ähnlich freudvolles Erlebnis. Das Ding ist dermaßen riesig, gleißend, überzüchtet und vollgestopft mit gegenläufig drehenden Planetenrädern, dass einem nichts anderes bleibt, als von unten zu ihm aufzuschauen und einmal gegen die riesigen Reifen zu treten. Eigentlich ist *Ubar* ein blumig-orientalischer Duft, aber die Blume trägt Größe XXXL, und der Orient ist entsprechend mitgewachsen. Ein uneheliches Kind des alten *Dioressence* mit dem ersten *Rush* würde genauso duften: eine riesige violette, romantische Rose nach Art des seligen *Nombre Noir*; eine Tonne sahniger Lactone; Ambra von einem ganzen Wal. *Ubar* gehört zum kleinen Verein der Düfte mit Nuklearantrieb: *Poison*, *Giorgio*, *Angel*, *Amarige*. Verwenden Sie es mit Bedacht, einmal aufgesprüht gibt es kein Zurück. LT

Unifaith (Elternhaus) *holzig-blumig* €€€€
Trotz des nervenden Kunstgetues der Verpackung, einem zweiteiligen schweren Betonblock, ist dieser Duft eine der besten Arbeiten des Parfümeurs Marc Buxton (er hat ihn mir zur Probe empfohlen). Wahrscheinlich der Höhepunkt dieses neuen Duft-Stils, den Buxton und Duchaufour unabhängig voneinander entwickelt haben:

transparent, blumig, holzig. Ihre besten Kreationen, von *Comme des Garçons* bis *Timbuktu*, eint eine erregende Spannung, zugleich archaisch und futuristisch, die le Corbusiers wunderbare Beschreibung von Gaudís unvollendeter Kathedrale ins Gedächtnis ruft: »Eine Ruine der Zukunft«. Während Buxtons ältere Parfums häufig einen stählernen Beiklang besitzen, ist *Unifaiths* Zugeständnis an eine blumige Sanftheit innerhalb der bekannten holzigen Strenge so berührend wie nie zuvor. Ein Meisterwerk. LT

2011: Der Duft, der sein Leben als Kunstprojekt begann, wurde auf seiner Webseite in einer Schrift eingeführt, die »Unfaith« (dt. *Unglaube*) statt »Unifaith« (dt. *Einheitsglaube*) zu sagen schien und mit einem zweiten, riesigen Namen versehen war: *MoslBuddJewChristHinDao*, den wir in unserem Buch *Perfumes: The A-Z Guide* als seinen eigentlichen Namen missverstanden. An dieser Stelle haben wir seinen fröhlicheren Namen wiederhergestellt. TS

Vanilia (L'Artisan Parfumeur) *Zuckerwatte, Vanille* €€€€
Es gibt üble Geschmacklosigkeit (Louis Vuitton-Handtaschen, Holzarmaturen in nagelneuen Autos), nette Geschmacklosigkeit (gemalte Flammen auf Flugzeugdüsen, John Barrys James-Bond-Titelmelodie) und herrliche Geschmacklosigkeit: *Vanilia*. Jean François Laporte war seiner Zeit immer weit voraus, so auch 1978, als er den Gehilfen, der Zuckerwatte (Ethylmaltol) in sein neues

Vanille-Amber einwog, am Handgelenk packte und tolldreist zwang, die Dosis um ein nie dagewesenes Zehnfaches zu erhöhen. Tatsächlich hat auch dreißig Jahre später niemand etwas vergleichbar Schönes kreiert wie das zügellose, köstliche, unbändige *Vanilia.* Es ist, als wäre *Shalimar* auf Andy Warhol getroffen und aus der Begegnung weitaus vulgärer und glücklicher hervorgegangen. Dieses Parfum ist so absolut bar jeden Chics, dass es zur bewährten Erholung von Schicklichkeit und Konvention avancierte und damit zum Inbegriff eines Sommerdufts. Genießen Sie es kombiniert mit Bananensplit, Sonnenbrand und lauter Musik. Für Raffinesse bleibt noch Zeit genug. LT

Wird nicht mehr hergestellt, war bei den letzten Stichproben jedoch hier und dort noch erhältlich. TS

Vol de Nuit (Guerlain) *holzig, orientalisch* €€€
Während der Niederschrift dieses Buches verspürten beide Autoren in regelmäßigen Abständen den Drang, ihr Riechorgan zu rekalibrieren, um sowohl den Nullpunkt (hier hilft *Creeds Love in White*), als auch höchste Qualität ermessen zu können. Zu diesem Zweck lässt sich beinah jedes alte Guerlain einsetzen, zum Kalibrieren jedoch eignet sich meiner Meinung nach *Vol de Nuit* am besten, weil es Rohstoffe in reinster Güte verkörpert und sonst nichts, sodass mein Urteil nicht von emotionalen Assoziationen getrübt wird. In Wahrheit ist *VdN* (dt. *Nachtflug*), das zwei Jahre nach seinem Namensvetter

herauskam – Saint Exupérys ausgezeichnetem Roman von 1931 über Postflüge nach Südamerika –, gemessen an den Maßstäben Guerlains ein irgendwie gestaltloses Parfum, dem es an erkennbarer Struktur mangelt. Doch schenkt es mir jenes Vergnügen, das Kribbeln der Erwartung, das Gefühl von unbegrenzter Weite und präziser messerscharfer Klarheit, das mich überkommt, wenn ich mich in einem Konzertsaal niederlasse und den Musikern beim Stimmen zuhöre. Verglichen mit *VdN* klingen fast alle anderen Düfte, als würden sie über eins dieser kleinen Radios abgespielt, die man sich ans Ohr hält, um ein Spiel nicht zu verpassen. Gott segne Guerlain dafür, dass sie das Zeug noch immer produzieren. LT

2011: EU-Bestimmungen haben die Sanftheit und Üppigkeit dieses Parfums geschädigt, also so ziemlich alles, was es ausmacht. Das neue funktioniert zwar irgendwie, aber nicht sonderlich gut. LT

White Linen (Estée Lauder) *aldehydig, blumig* €
Lässt man in einem Gespräch über Parfum das Wort »aldehydig« fallen, denkt jeder an Chanel: an das bahnbrechende *No. 5* und das noch viel aldehydigere *No. 22*. Fällt einem dabei der aldehydigste aller aldehydigen Blumendüfte nicht ein, das von der großen Sophia Grojsman 1978 kreierte *White Linen*, tut man ihm damit zwar unrecht, doch White Linen ist nun mal weder französisch noch unverschämt teuer. Daher wird es vielleicht einfach übersehen, so wie die Brille, die einem auf dem Kopf

sitzt. *White Linen* ist (laut Firma) Lauders persönlicher Favorit, der kanonische Ausdruck des amerikanischen Ideals von Sex Appeal: Blitzsauber, gesund, enthaart und gewachst, ausgeruht und bereit für den Tag. Seine scharfen, beißenden Aldehyde sind hell und seifig, die sanften Moschus- und Holznoten wie eine satte Variante Ihres liebsten Weichspülers, die Rosen komplex, grün und einen Hauch pfeffrig; das Ganze ist angenehm und gut ausgeleuchtet, wie ein warmer Fleck auf dem Fußboden, wo die Katze schläft. (Das Parfum ist sanfter und blumiger als das Eau.) Ich stelle es mir mit einer schützenden, mütterlichen Aura vor und es erinnert mich an Thomas Pynchons Beschreibung des Frühstücksdufts über dem London des Zweiten Weltkriegs, »als Zauberbann, zum Schutz vor fallenden Objekten«. Wenn die Sonne scheint, können es Jungs wie Mädels tragen. TS
Muster von 2007.

Yatagan (Caron) *holzig, orientalisch* €€
Heimstatt des beruhigendsten (*Pour un Homme*) wie des beunruhigendsten Herrendufts aller Zeiten (dieses) ist Caron. Ich habe in Carons reizendem Eckladen an der Avenue de Montaigne mehr als einen Kunden beobachtet, der vor dem Duft von *Yatagan* auf seiner Haut zurückschreckte, während der Verkäufer aalglatt erklärte, dieser Duft sei »ein Renner im Nahen Osten«, als hätte *in partibus infidelium* eine Art Parfumhäresie stattgefunden. Dabei es ist natürlich so, dass die Kreation von 1976 und ihr mysteriöser levantinischer Fanclub ihrer Zeit dreißig

Jahre voraus waren. Stellt man sie sich als Stimmen vor, bemühen sich viele orientalische Herrendüfte angestrengt um Wärme und Rauchigkeit. Eher die Schlange Kaa als Balu der Bär, setzt *Yatagan* auf ein fremdartiges hohes Zischen mit eigenartig grenzwertigen, schweißsauren Salbei- und Kümmeltönen an der Oberfläche und einer trockenen, tintigen Holzstruktur darunter. Aus Achtung oder vielleicht aus Versehen wurde *Yatagan* von Caron bei der kürzlich erfolgten Neuformulierung der Parfums verschont. LT

Yohji Homme (Yohji Yamamoto) *Lakritz, Fougère* €€
Meine erste Begegnung mit Yohji Homme werde ich nie vergessen. Es war 1998 während eines Urlaubs auf Korsika, wo mich ein Päckchen von Patou erreichte (dem damaligen Distributeur der Yohjis), in dem sich ein langer, auffälliger Flakon befand. Ich sprühte es auf, und die Liebe traf mich wie ein Blitz. Mehrere Stunden hockte ich vor meinem PC, schnupperte immer wieder an meinem Handgelenk und starrte an die Wand. Meine Begleiter schalten mich, weil ich mich nicht rührte, statt draußen die Sonne zu genießen, aber ich wollte dieses Parfum begreifen, darüber schreiben, solange der Eindruck noch frisch war, und unbedingt herausfinden, wer in aller Welt etwas so Schönes geschaffen hatte. Seit einiger Zeit bewegten sich zwei Stilrichtungen maskuliner Düfte aufeinander zu, die holzig-frische (*Anthracite Homme*, Mark Buxton) und die exotisch-würzige (*Egoïste*, François Demachy / Jaques Polge). Doch ihre Schienen konnten sich

nicht kreuzen, bis jemand ein besonders geformtes Teil erfand, das beide verband, ohne sie entgleisen zu lassen. Dieser Jemand war Jean-Michel Duriez und das V-förmige Material, das beiden Welten angehörte, hieß Lakritz. Später erzählte er mir, dass ihm die Struktur schon Jahre durch den Kopf gegangen sei, er den Grundpfeiler seiner Verbindung aber erst ein Jahr zuvor in Annick Ménardos brillantem Essay über Lolita Lempickas *Angel* entdeckt habe. Dort draußen finden sich nur zwei oder drei ebenbürtige Herrendüfte. Obwohl es nicht mehr produziert wird, haben wir es in der Hoffnung hier aufgenommen, dass Yohjis neue Besitzer es sich noch einmal überlegen. Im Internet ist es noch erhältlich. LT
Produktion noch immer eingestellt.

DIE OSMOTHÈQUE

Von Luca Turin

Die Osmothèque (www.osmotheque.fr) ist *das* Parfum-Museum überhaupt, der einzige Ort auf der Welt, wo nicht mehr produzierte Parfums von künstlerischem Wert aufbewahrt und ausgestellt werden. Gegründet wurde es von Jean Kerléo, damals Haus-Parfümeur von Patou, zusammen mit einigen führenden Parfümeuren, darunter Yuri Gutsatz, Marcel Carles und Guy Robert. Sein erklärtes Ziel – die ureigenste Aufgabe eines jeden Museums – war es, Bruchstücke der Vergangenheit in gutem Zustand zu erhalten, außer Reichweite von Vandalen und Dieben. In der Parfumindustrie sind genau jene Firmen die Vandalen und Diebe, die Parfum herstellen, was das Unterfangen von Anfang an erschwerte. Man stelle sich vor: Nach seinen schönen Flugzeugen, der Atomindustrie, den Lebensmitteln und dem Wein ist Parfum Frankreichs fünftgrößter Exportzweig, und doch gibt es in ganz Paris kein Parfummuseum. Man wird einwenden, dass es die Museen von Fragonard gibt, von denen eines in Paris steht, doch sie sind Museen der Parfumverpackung im weitesten Sinn und an gutgehende und extrem billige Läden angeschlossen.

Jahrelang war die Osmothèque in einem Keller des ISIPCA in Versailles, der einzigen unabhängigen Parfümerieschule Frankreichs, untergebracht. Sie veranstaltete Vorträge und stand angemeldeten Besuchern offen; an jedem Parfümeriekongress hatte sie einen Stand, der allerdings kaum Beachtung fand. Im Zentrum solcher Ausstellungen stand jeweils ein Koffer mit kleinen Fläschchen, deren Namen jeden Parfumliebhaber zum Schwärmen brachte: *Le Parfum Idéal*, *Jasmin de Corse*, *Voici Pourquoi J'Aimais Rosine*, *Le Styx* und so weiter. Die Abgesandten der Osmothèque, die alles zu wissen schienen, benetzten Papierstreifen und reichten sie den Besuchern zusammen mit einem Umschlag aus Glassinepapier, um die Streifen zu versorgen, mit nach Hause zu nehmen und während Wochen, ja Monaten zu beschnuppern.

Wenn man Versailles besuchte und die Treppen hinunterstieg, sah man, dass die Fläschchen aus größeren, ein bis zwei Liter fassenden Aluminiumflaschen abgefüllt wurden, deren Inhalt bei konstanter Temperatur unter Argongas aufbewahrt wurde. Es war Aufgabe von Jean Kerléo, die Düfte zu mischen, was sein ganzes Geschick und Wissen, seine Zähigkeit und seine guten Beziehungen erfordert haben muss. Ich wurde einmal Zeuge davon, wie schwierig es ist, einen lange verloren geglaubten Duft neu zu mischen. Nehmen wir der Einfachheit halber an, der Parfümeur hätte die Formel aufgeschrieben. Bei einem mindestens fünfzig Jahre alten Parfum wird die Komposition zur Hauptsache aus Basen bestanden haben, also Basismischungen, die die Parfumindustrie bereitstellt, um den Parfümeuren das Leben zu erleichtern. Viele dieser Basen erlitten das Schicksal des Dodo, als die kleinen Firmen, die sie herstellten, Pleite gingen. Es brauchte jemanden, der sich an sie erinnerte oder erraten konnte, wie sie zusammengesetzt waren. Auch werden viele der natürlichen Ausgangsstoffe nur schwer in der richtigen Qualität zu bekommen gewesen sein. Die Formel zu kennen war vergleichbar mit dem Besitz einer makellosen etruskischen Inschrift: Man konnte sie laut vorlesen, hatte aber keine Ahnung, was sie bedeutet.

Wie in der Paläographie ist alles leichter, wenn man über einen zweisprachigen Text verfügt, in unserem Fall ein sorgfältig gelagertes Muster als Anleitung für die Nase sowie ein kommentiertes Gaschromatogramm dieses Musters, in dem das Molekülgewicht jeder Spitze notiert ist. Ich habe großen Respekt vor Leuten, die stundenlang derartige Dokumente studieren, die Spitzen zu Mustern gruppieren und daraus ableiten können, welche natürlichen und welche synthetischen Stoffe, manchmal sogar in ihrer genauen Konzentration, in der Komposition verwendet worden sind. An diesem Punkt geht die technische Analyse über in die praktische Synthese, und der Parfümeur mischt etwas an, das dem verlorenen Original sehr ähnlich ist. Das ist es, was Kerléo und seine begabten Assistenten getan haben, um zu retten, was in der Welt der Klassischen Musik die allergrößten Meisterwerke wären. Jean Kerléo verdient eine Reiterstatue vor dem Sephora-Geschäft auf den Champs-Élysées.

Im Untergrund also konservierte die Osmothèque eine Geschichte, die von der Industrie zur gleichen Zeit und am helllichten Tag verraten wurde. Jede noch so bedenkliche EU-Regulierung hatte Neuformulierungen zur Folge, und Markenhersteller, IFRA und Duftproduzenten machten gemeinsame Sache bei der großangelegten Zerstörung eines riesigen künstlerischen Kapitals. Bach und Mozart wurden gelöscht und durch Jacques Loussier und Waldo de los Rios ersetzt, unterlegt mit einer Rhythmusspur. Nicht dass Sie mich falsch verstehen: Ich mag Ray Conniff und ich mag Brahms, doch ich mische sie nicht. Heute bewahren die Kühlschränke der Osmothèque nicht nur ausgestorbene Wunder wie *Schiaparelli* und *Rosine*, sondern auch jüngere, schnell erkaltende Leichen mit Etiketten am großen Zeh, etwa das vorhypochondrische *Eau Sauvage*, *Mitsouko*, *L'Heure Bleue* usw.

Das Internet mit seinen Bloggern, Boards und eBay haben auf erstaunliche und erfreuliche Weise das Interesse für Parfums abseits des Mainstreams anwachsen lassen. Offenbar gibt es Tausende von Menschen, die sich für die Geschichte der Parfümerie interessieren, nicht als intellektuellen Zeitvertreib, sondern zum Sammeln und aus reiner Freude. Als Folge davon ist die Osmothèque sichtbarer und aktiver geworden, wie ihre Webseite bezeugt. Sie veröffentlicht Bücher und Newsletter, die den höchsten wissenschaftlichen Standards genügen und, was selten ist auf dem Gebiet der Düfte, eine Fülle präziser Informationen bieten. Die Osmothèque steht heute unter der Leitung von Patricia de Nicolaï, einer der besten Parfümeurinnen der Gegenwart, die als Besitzerin eines kleinen unabhängigen Duftlabels *und* als Mitglied der Familie Guerlain die Qualität im Blut hat. Eine ihrer ersten wichtigen Entscheidungen war, eine Zweigstelle in New York zu eröffnen. Das verheißt Großes und wird die Anfänge in dem schlecht beleuchteten Keller in Versailles vergessen lassen.

Was sollte die Osmothèque meiner Meinung nach tun? Heute, da die klassischen Düfte im Dutzend vernichtet werden, sollte sie in erster Linie die Klassiker sammeln und so oft wie möglich ausstellen. Wenn sie die Besten der Besten immer wieder zeigt, werden die Leute merken, dass sie gutes Geld für Düfte ausgegeben haben, die nicht besser sind als Kordelseife. Als Zweites braucht die Osmothèque Geld. Am besten wäre es, wenn sie von einem Mäzen genug Geld bekäme, um einen Standort im Zentrum von Paris zu eröffnen. Gleichzeitig sollte sie die nach den Originalformeln neu gemischten Düfte im eigenen Laden und online verkaufen, nummeriert von 1 bis 400, ohne Hinweis auf den ursprünglichen Namen. Die Kenner wüssten rasch, woran sie sind, während Totenkopf und gekreuzte Knochen auf dem Etikett, ergänzt durch die Warnung »Nicht mit der Haut in Berührung bringen«, Ärger mit der IFRA verhindern sollte. Vielleicht würde das die Markendufthersteller so sehr beschämen, dass sie ihre klassischen Düfte wieder anbieten. Und nein, ich halte jetzt nicht mal kurz die Luft an, schließlich muss ich meinen Streifen *Iris Gris* beschnuppern.

L'Origan (Osmothèque/Coty 1905)

1904 gründete ein ehrgeiziger Korse ein französisches Imperium: Joseph Marie François Spoturno alias François Coty. Die Firma des brillanten Parfümeurs, der leider auch ein elender Faschist werden sollte, entwickelte sich in der Nachfolge von Paul Parquets Houbigant, die zu Beginn des letzten Jahrhunderts das Fundament der modernen Parfümerie legte, zur einflussreichsten der gesamten Kunstrichtung.

Coty lernte das Handwerk bei der bedeutenden Firma Chiris in Grasse und debütierte mit *La Rose Jacqueminot*, einem üppigen, fruchtigen und likörhaften Rosenduft, der ein Riesenhit wurde. Im Jahr darauf lancierte er *Ambre Antique* – ein einfacher Entwurf aus orientalischen Balsamnoten, der in einer Nischenfirma auch heute noch seinen Platz hätte – und *L'Origan*, seine erste große Kreation. Keine natürliche Blume riecht so, und natürlich riecht *L'Origan* auch nicht nach Pizza. (Das französische Wort bedeutet Oregano.) Wie *Fougère Royale* zuvor war es eine reine Fantasie.

Auf der einen Seite ist *L'Origan* ein luftig-fruchtiges Bouquet aus Orangenblüte und Nelke, dessen Anteil des nach Concord-Trauben riechenden Methylanthranilat größer ist als in jedem natürlichen Blumenextrakt, auf der anderen ein süß-pudriger, holzig-orientalischer Duft nach Vanille und Heliotropin, mit einem Hauch Vetiver und trockenen Kräutern. Zusammengehalten werden diese beiden sehr unterschiedlichen Seiten von Jononen, deren Veilchenblütenduft ihrerseits einen blumigen und einen holzigen Anteil haben. Zusammen erzeugen sie eine Wirkung, die stärker ist als die einer karamellisierte Blüte oder eines Glases reinen Weihrauchs alleine je sein könnte. Die Muster, die ich in der Osmothèque probiert habe, waren frisch und intensiv, von einer reinen, mit den Jahren weich gewordenen Schönheit. Trocken und üppig zugleich lehnt es sich an Ihre Schulter, wie eine junge Frau mit trockenen Lippen in rotem Satin.

L'Origan existiert leider nicht mehr (noch zu seinen Lebzeiten war die Rezeptur aufs Übelste verändert worden), doch wenn man es zwischen heute bekannte Parfums einreihen wollte, stünde es neben seinem unmittelbaren Nachfolger, *L'Heure Bleue*, und dem viel späteren *Oscar de la Renta*. Der Kontrast zwischen Coty und Guerlain wird offensichtlich, wenn man *L'Heure Bleue* und *L'Origan* miteinander vergleicht: *L'Heure Bleue* erträumt jedem, der es trägt, eine romantische Vergangenheit, während *L'Origan* einen dazu zwingt, der Tatsache ins Auge zu sehen, dass die Angebetete unmittelbar vor einem steht. TS

Le Chypre de Coty (Osmothèque/Coty 1917)
Symphonische Blumendüfte haben mir nie viel bedeutet. Als Cotys *Chypre* lanciert wurde, werden viele Leute, denen es auch so geht, gedacht haben, ihre Stunde sei endlich gekommen. Wie andere von Cotys Meisterwerken war auch *Chypre* nicht einfach ein hübsches Gesicht, vielmehr war es von ganz eigener Schönheit. Man beschreibt es am besten, indem man es mit einem anderen erfolgreichen Duft vergleicht, Paul Parquets *Parfum Idéal 1900*. *PI* ist der Wunschtraum jeder Bienenkönigin: Tausende Blüten, von fleißigen Untertanen gesammelt und

zu einer Hymne auf die weibliche Schönheit gemischt. *Chypre* dagegen ist das, was eine einzelne Wespe tragen würde, sehr sachlich, mit geraden Flügeln und markanten Streifen, die einem auf der Hand herumläuft und sich überlegt, ob sie stechen, beißen oder stolz die kalte Schulter zeigen soll. Das makellose *Chypre* der Osmothèque zu riechen ist eine einzigartige Erfahrung. Seine Ecken und Kanten sind auch nach Jahren noch aufregend. Vor *Chypre* hatten Parfums Rundungen; Coty hat die Knochen erfunden. Und diese Knochen ließen sich so leicht arrangieren, dass die Chypre-Kategorie (also Cotys genialer Dreiklang aus Bergamotte, Zistrose und Eichenmoos) wohl zur erfolgreichsten Duftfamilie aller Zeiten wurde. Es pur zu riechen ist, als würden Sie einer Schauspielerin zuschauen, die sich abschminkt und Sie dabei im Spiegel beobachtet, dann in eine Jeans schlüpft, sich bei Ihnen unterhakt und in die Nacht hinausdrängt, unerkannt, blasser, schlichter und schöner denn je. LT

Emeraude (Osmothèque/Coty 1921)
Süßigkeit ohne Reue ist derart tröstlich, dass ambra-betonte orientalische Düfte oft kopfvoran in den Honigtopf stürzen und einen langsamen, klebrigen Tod sterben. Wie lassen sich diese faulen Kreaturen bloß befreien? Indem man zwei wesentliche Elemente hinzufügt, Kontrast und Überraschung, ohne die jeder Duft lediglich ein angenehmes Summen bleibt. Über die Jahre haben es die Parfümeure geschafft, Ambra wachzurütteln: Zitrus funktioniert so zuverlässig wie in der Küche, man denke an

Zitronensaft auf Baklava (*Shalimar*); Gewürze und Hölzer verleihen dem schweren, orientalischen Brokat eine reinigende, liturgische Atmosphäre (*Theorema, Fendi*); oder die After-Eight-Idee, warme Schokolade kombiniert mit kühler Minze, ein wunderbar dissonanter und, für etwas derart Leckeres, merkwürdig beunruhigender Akkord. Letzeres hat Coty getan, als er 1921 *Emeraude* komponierte. Drei Dinge machen es so einzigartig: Erstens verblasst die minzig-frische Note nicht, sondern begleitet den üppigen orientalischen Duft die ganze Zeit. Zweitens ist die Frische bewusst einfach gehalten, fast chemisch, als munderfrischender Kontrast zum reichhaltigen Hintergrund; hier tritt Cotys Genie am deutlichsten zutage. Und drittens sind die beiden Hälften so sorgfältig zusammengeschweißt, dass sie einen einzigen, tief gesättigten, transparenten Farbton bilden; nicht so sehr als Smaragd, wie der Name suggeriert, eher als das grüne Steuerbordlicht eines Schiffs, das in der Dunkelheit vorbeigleitet. LT

Iris Gris (Osmothèque/Jacques Fath 1947)

Nur in der Welt der Parfümerie kommt es vor, und hier ist es einigen wenigen Düften vorbehalten, dass sich die Phantasie selbst des nüchternsten Zeitgenossen in einen Feengarten verwandelt, dass wir Verluste und verflossene Geliebte beklagen, von denen wir genau wissen, dass wir sie nie hatten. Nun denn! Auch die Nostalgie ist nicht mehr, was sie einmal war, wusste schon Simone Signoret, und poetische Parfums sind rar und werden immer rarer. *Après l'Ondée* war zwar nie leicht zu bekommen, doch war es zumindest unlängst noch erhältlich und erzeugte zuverlässig stille, nach innen gekehrte Tränen. Doch die Mutter aller Feen war immer *Iris Gris*, von Vincent Roubert angeblich in größter Eile komponiert. Umtriebige Parfümeure, die ihn kannten, nannten ihn faul und verhehlten nicht ihre Irritation, dass die Götter dem leichtfertigsten ihrer Boten die berührendste Botschaft anvertrauten. Iris Gris verkörpert die Unmöglichkeit einer hoffnungsvollen Iris: Die samtene Schwermut bester Iriswurzel, überlagert vom Perlglanz frischer, durchsichtiger roter Früchte. Ein Sonnenuntergang im Gewand der Morgendämmerung. LT

QUELLEN

Die Osmothèque in Versailles, Frankreich, wird heute von Patricia de Nicolaï geleitet, Parfümeurin von Parfums de Nicolaï (siehe *New York*, *Odalisque* und *Le Temps d'une Fête* in diesem Buch), Wissenschaftlerin und Historikerin der Kunst der Parfümerie.

In den Vereinigten Staaten von Amerika wird die Osmothèque von der Academy of Perfumery & Aromatics vertreten, eine Nonprofit-Organisation in New York City mit dem Motto »Sentire, Gustare, Amare«. Sowohl das französische wie das amerikanische Büro der Osmothèque stellen autorisieren Osmokuratoren historische und rekonstruierte Duftmuster zur Verfüfung, um sie der Öffentlichkeit zu zeigen. Auf der Webseite www.osmotheque.fr findet man den Veranstaltungskalender.

Parfums im Internet zu kaufen erfordert glücklicherweise keine Installation von Riechsoftware. Viele Firmen verkaufen Muster für wenig Geld. Angesichts der Schwierigkeiten, in Geschäften Muster zu bekommen, sind diese Firmen unbezahlbar, weil sie es möglich machen, ein Parfum zu Hause zu probieren, ohne Ablenkung, mit einem großen Stück Seife im Bad für den Fall, dass wir Sie in die Irre geführt haben und alles ein bedauerliches Missverständnis war.

Die großen Marken wie Chanel und Estée Lauder bekommt man noch immer am besten in deren eigenen

Geschäften und in Warenhäusern. Die Ladenkette Sephora gibt Muster ab, doch variiert die Auswahl von Filiale zu Filiale und von Besuch zu Besuch.

Die sogenannten Nischenmarken, die in geringeren Mengen hergestellt und vertrieben werden, findet man am ehesten in Fachgeschäften großer Städte. Man kann die Hersteller direkt kontaktieren, auf ihren Webseiten nach den Vertriebspartnern suchen oder man surft einfach drauf los. Einige Parfumfirmen betreiben eigene Internetläden, die manchmal über Testmöglichkeiten in der Nähe informieren oder sogar Muster verschicken.

Zwei Spezialgeschäfte, die uns über die Jahre gute Dienste geleistet haben, sind Lucky Scent in Los Angeles (luckyscent.com) und Aedes de Venustas in New York City (aedes.com). [Anm. des Verlags: Vergleichbar sind die deutschen Onlineparfümerien Parfumdreams (parfumdreams.de), Point rouge (point-rouge.de), Iparfümerie (iparfumerie.de) und Douglas (douglas.de). Informationen über Verfügbarkeit und Anbieter bestimmter Düfte findet man bei Parfumo (parfumo.de).]

Die Warenhäuser, in denen wir am längsten herumlungerten und die Geduld des hervorragenden Verkaufspersonals auf die Probe stellten, indem wir alles Mögliche in die Luft sprühten, sind Bergdorf Goodman und Henri Bendel in New York sowie Harvey Nichols und Harrods in London. Außerdem wächst die Anzahl der Leute, die aus eigenen Beständen kleine Mengen dekantieren und, in neutrale Glas- oder Plastikflaschen abgefüllt, verkaufen; so werden Muster und Reisegrößen ersetzt, die es in vielen Läden nicht mehr gibt. Die Duftindustrie mag diese Praxis nicht, weil sie ihr die Kontrolle über Verpackung, Verkauf und Preisgestaltung entzieht, und weil die Branche Fälschungen und Verunreinigungen fürchtet. Doch sie reagiert erstaunlich träge auf die Nachfrage nach kleineren Flaschen und Onlinemustern. Wer sich nicht scheut, ein paar Milliliter eines Parfums in einer neutralen Flasche zu kaufen, weil er sonst nicht an ein Muster kommt, kann sich an ein US-Unternehmen namens The Perfumed Court (theperfumedcourt.com) wenden, das mit sauberen, ordentlich etikettierten Kleinstabfüllungen gute Geschäfte macht.

Und schließlich, falls Sie völlig verrückt nach Parfums geworden sind und lernen möchten, die Duftinhaltsstoffe zu erkennen – was sind schon wieder Jonone, von denen hier immer die Rede ist? Wie riecht Bergamotte? – dann ist The Perfumer's Apprentice (perfumersapprentice.com) der Laden Ihrer Wahl, wo Sie ein Schulungsset genau zu dem Zweck erhalten. Denn es ist nicht dasselbe, ob wir Ihnen erzählen, dass Iriswurzelextrakt ein wenig nach kochender Pasta riecht, oder ob Sie die Spaghetti darin selbst riechen.

GLOSSAR DER INHALTSSTOFFE UND BEGRIFFE

Absolues

Absolues sind empfindliche Duftinhaltsstoffe meist natürlichen Ursprungs wie Jasmin, die mit Lösungsmitteln extrahiert werden, da sie durch die hohen Temperaturen der Dampfdestillation beschädigt würden. Man stellt große Unterschiede zwischen einem mittels Destillation gewonnenen Parfumöl und, bei identischem Ausgangsmaterial, aus einem Absolue hergestellten Parfumöl fest, was auf die unterschiedliche Temperatur des Lösungsmittels gegenüber dem Dampf zurückzuführen ist. Bei traditionellen Absolues wird der Duft mit Alkohol aus einem Konkret gewonnen, einem halbfesten Extrakt aus Wachsen und anderen Substanzen; moderne Lösungsmittel dagegen erlauben es, das Absolue direkt aus dem Ausgangsmaterial zu gewinnen.

Akkord

Verschiedene Noten, die zu einem bestimmten Effekt kombiniert werden; das Wort spielt auf die Verwandtschaft zu musikalischen Akkorden an.

Aldehyd

Eine organische Verbindung, die eine endständige Aldehyd-(CHO) Gruppe beinhaltet. Parfümeure verwenden in ihren Paletten die verschiedensten Aldehyde.

aldehydig

Charakteristisch ist der Geruch der geradkettigen Aldehyde C10, C11 und C12, die erstmals in *Chanel No. 5* Verwendung fanden.

Amber

Eine Mischung aus duftenden Harzen wie Styrax, Benzoin oder Labdanum, die aus dem Nahen Osten stammen.

Ambra (ambergris)
Ambra ist eine wachsartige Substanz aus dem Verdauungstrakt von Walen.

animalisch
Typisch sind Körpergerüche bzw. Gerüche, die wir mit traditionellen tierischen Materialien in Verbindung bringen, zum Beispiel Moschus, Bibergeil oder Zibet.

balsamisch
Charakterisiert durch süß-duftende pflanzliche Harze, meistens Perubalsam oder Tolu-Balsam.

Base
Eine Base ist eine komplexe Mischung aus verschiedenen Riechstoffen und Naturprodukten und wird von Parfümeuren als einzelner Duftbaustein verwendet, wie zum Beispiel die berühmte Pfirsichbase Persicol.

Basisnote
Bezeichnet die letzte Phase eines Parfumdufts, nachdem die Kopf- und die Herznote verflogen ist und bevor der Duft gänzlich verschwindet.

Chypre
Eine Parfumfamilie, die auf Cotys Struktur von 1917 zurückgeht und auf Eichenmoos, Labdanum und Bergamotte basiert. Man unterteilt sie in blumig, fruchtig, ledrig usw.

Damascone
Intensiv nach Rosen und Äpfeln duftende Stoffe, die mit den nach Veilchen duftenden Jononen verwandt sind.

Dihydromyrcenol
Nach Holz und Zitrus duftender Stoff, der in jüngster Zeit oft in Männerparfums verwendet wird.

Edler Duft (fine fragrance)
Duft, der einzeln und als solcher verkauft wird, nicht als Duft eines anderen Produkts.

Eichenmoos
Aus Eichenmoos und anderen Baummoosarten werden trocken und bitter riechende Substanzen extrahiert, die in allen Chypre-Düften eine zentrale Rolle spielen.

Ester
Verbindung einer Säure mit einem Alkohol, die meist ein fruchtiges Aroma hat.

Fougère
Der vorwiegend im Sektor der Herrenparfums anzutreffende Duft basiert auf Fougère Royale, einer Kombination aus Lavendel, Eichenmoos und der Tabak-Heu-Note von Cumarin.

Funktionaler Duft
Duft, der in Alltagsprodukten wie Seifen und Kosmetika Anwendung findet.

Galbanum (Galbanharz)
Ein pflanzliches Harz, das seit der Antike in der Medizin, in Weihrauch und in Parfums verwendet wird. Charakteristisch ist sein bitter-grünes Aroma.

Gourmand
Eine Untergruppe orientalischer Düfte, die in den letzten Jahren sehr beliebt geworden sind; sie riechen ausgeprägt nach Dessert mit einem Schwerpunkt auf Vanille.

grün – Geruch von gemähtem Gras oder Blättern

Harz
Dickflüssiger, klebriger, brauner Pflanzenextrakt wie Labdanum oder Styrax, der aussieht wie Melasse und wegen seiner süßduftenden und fixierenden Eigenschaften in orientalischen Amber- und Chypre-Düften verwendet wird.

Herznote
Der mittlere Abschnitt eines Dufts, nach dem Verklingen der Kopfnote und vor der Basisnote. Die Herznote macht die Persönlichkeit eines Parfums aus.

Hedion
Hedion verleiht blumigen Parfums den Eindruck von dauniger Frische. Es wurde von der Firma Firmenich entdeckt und vor allem in *Eau Sauvage* verwendet.

IFRA
International Fragrance Association, die internationale Selbstregulierungsorganisation der Duftindustrie.

Iris
Extrakt der Iriswurzel. Gehört zu den teuersten natürlichen Inhaltsstoffen der Parfumindustrie. Auch bekannt unter den Namen Orris und Iris-Butter.

ISIPCA
Das Institut Supérieur International du Parfum, de la Cosmetique et de l'Aromatique Alimentaire ist die einzige professionelle Parfümerieschule neben jenen der privaten Firmen.

Jonone
Eine aromatische Stoffgruppe mit stark veilchenartigem Geruch.

Ketone
Chemische Verbindungen, die eine Carbonylgruppe (C=O) enthalten und einen Eindruck von Nagellackentferner vermitteln.

Kölnisch Wasser
Diese älteste erhaltene Duftfamilie geht mindestens bis ins frühe achtzehnte Jahrhundert zurück. Traditionelles Eau de Cologne ist eine Komposition aus Zitrus-, Blüten-, Kräuter- und Holznoten.

Kopfnote
Die ersten Minuten eines Dufts, bis jene Inhaltsstoffe mit dem geringsten Molekulargewicht und der höchsten Flüchtigkeit verschwinden.

Labdanum (**Zistrose**)
Aus den Blüten und Blättern verschiedener Arten der Zistrose gewonnenes Harz mit holzig-süßem Duft und ledrigen Noten. Ein klassisches Amber.

Lactone
Lactone, zum Beispiel Pfirsich-Lactone oder Milch-Lactone, sind Esterverbindungen, die einem Parfum einen cremig-fruchtigen Duft verleihen.

Leder
In der Parfumsprache eine Kombination aus bitter riechenden Isochinolinen und rauchig riechendem rektifiziertem Birkenpech, die den Geruch der beim Gerben von Leder verwendeten Chemikalien erzeugen.

Moschus
Ursprünglich das Sekret aus einer Drüse am Bauch des Moschushirsches, das wegen seines Geruchs und seiner bindenden Eigenschaften in der Herstellung von Parfums verwendet wurde. Heute wird er fast immer durch billigere und zuverlässigere Synthetika ersetzt. Die erste Generation der von Albert Baur 1888 entdeckten synthetischen Moschusdüfte (Nitromoschus) ist wegen ihrer photosensibilisierenden Eigenschaften und ihrer Neurotoxizität heute weitgehend verboten.

Neuformulierungen
Die veränderte Zusammensetzung eines Parfums. Neuformulierungen reichen von einfachen Gleichgewichtsverschiebungen, die dem Ausgleich von Qualitätsschwankungen der Ausgangsstoffe dienen, bis zu eigentlichen Neuschöpfungen, die den Charakter eines Dufts erheblich verändern. Sie werden aus Kosten-, Verfügbarkeits-, ästhetischen, regulatorischen und anderen praktischen Gründen vorgenommen.

Note
Ein einzelner, isolierter Duft (z.B. eine Jasmin-Note)

orientalisch
Diese Duftfamilie, deren ältestes überlebendes Mitglied *Shalimar* ist, wird durch ein ausgeprägtes Ambraaroma charakterisiert. Die Familie kann in blumige, würzige, holzige und andere orientalische Düfte unterteilt werden.

phenolisch
Ein Geruch nach Phenolen, wie Teer.

Soliflor
Ein Duft, der für eine einzelne Blume steht. Ein Rosen-Soliflor etwa soll ausschließlich nach Rose duften.

Zibet
Ein traditioneller Duftinhaltsstoff, der aus den Drüsen der Zibetkatze gewonnen wird, die meist in Äthiopien gezüchtet wird. Der reine Stoff hat einen stark fäkalen Charakter. Zibet wurde inzwischen fast vollständig von synthetischen Ersatzstoffen abgelöst.

DIE ZEHN BESTEN

Frauendüfte

Angel
Après l'Ondée
Black
Bois de Violette
Boucheron
L'Heure Bleue
Homage
Mitsouko
Rive Gauche
Shalimar

Männerdürfte

Azzaro pour Homme
Derby
Eau de Guerlain
Habit Rouge
Knize Ten
New York
Ormonde Man
Pour Monsieur
Sycomore
Timbuktu

Frauendüfte für Männer

Après l'Ondée
Azurée
Bandit
Calandre
Diorella
Dzing!
Jicky
Mitsouko
Pleasures
Tommy Girl

Männerdüfte für Frauen

Beyond Paradise Men
Cool Water
Dior Homme
Eau Sauvage
Knize Ten
New York
Pour un Homme
Timbuktu
Yatagan
Yohji Homme

Blumendüfte

Amouage Gold
Beyond Paradise
Chamade
Fracas

Duftwolken für kleines Geld

Azurée
Breath of God
Cool Water
Knowing

Joy
No. 5 Parfum
Odalisque
Osmanthe Yunnan
Promesse de l'Aube
Rive Gauche
Lavender
New York
Pour Monsieur
Tocade
Tommy Girl
White Linen

Edelspritzer

Amouage Gold
Cuir de Russie
Derby
Homage
Invasion Barbare
Joy Parfum
La Myrrhe
No. 5 Parfum
Sycomore
Ubar

Für die einsame Insel: LT

Homage
Jicky
Jolie Madame (Vintage)
Lavender
Nombre Noir (Shiseido, nicht mehr erhältlich)
Paradox (Jacomo)
Talisman (Balenciaga, nicht mehr erhältlich)
Theorema (Fendi, nicht mehr erhältlich)
Timbuktu
Vetiver Pour Elle (Guerlain)

Für die einsame Insel: TS

Black
Chinatown
Diorissimo (Dior, Vintage)
Fracas
L'Heure Bleue (Guerlain, Vintage)
Homage
Knize Ten
Mitsouko
Shocking (Schiaparelli, Originalversion, nicht mehr erhältlich)
White Linen

VERZEICHNIS DER MARKEN

Amouage
Amouage Gold
Homage
Ubar

L'Artisan Parfumeur
Dzing!
Timbuktu
Vanilia

Azzaro
Azzaro pour Homme

Badgley Mischka
Badgley Mischka

Bond No. 9
Chinatown

Boucheron
Boucheron

Bulgari
Black

Cacharel
Loulou

Caldey Island
Lavender

Caron
Pour un Homme
Le Troisième Homme
Yatagan

Chanel
Bois des Iles
Cristalle
Cuir de Russie
No. 5 Eau de Toilette
No. 5 Parfum
Pour Monsieur
Sycomore
31 Rue Cambon

Clinique
Aromatics Elixir

Coty
Le Chypre de Coty
L'Origan
Emeraude

Davidoff
Cool Water

Dior
Diorella
Dior Homme
Dune
Eau Sauvage
Poison

Elternhaus
Unifaith

Estée Lauder
Azurée
Beyond Paradise
Beyond Paradise Men
Knowing

Pleasures
Private Collection
White Linen

Etat Libre d'Orange
Sécrétions Magnifiques

Geoffrey Beene
Grey Flannel

Givenchy
Givenchy III
Insensé

Gucci
Envy
Rush

Guerlain
Après l'Ondée
Chamade
Derby
Eau de Guerlain
Habit Rouge
L'Heure Bleue
Insolence Eau de Parfum
Jicky
Mitsouko
Nahéma
Shalimar
Vol de Nuit

Hermès
Osmanthe Yunnan

Histoires de Parfums
1740

Issey Miyake
Le Feu d'Issey

Jacques Fath
Iris Gris

Jean Patou
Joy Parfum

Kenzo
Ça Sent Beau

Knize
Knize Ten

Le Labo
Patchouli 24

Lolita Lempicka
Lolita Lempicka

LUSH
Breath of God

Missoni
Missoni

Montale
Oud Cuir d'Arabie

Ormonde Jayne
Ormonde Man
Ormonde Woman

Paco Rabanne
Calandre

Parfums MDCI
Enlèvement au Sérail
Invasion Barbare
Promesse de l'Aube

Parfums de Nicolaï
New York

Odalisque
Le Temps d'une Fête

Pascal Morabito
Or Black

Prescriptives
Calyx

Robert Piguet
Bandit
Fracas

Rochas
Tocade

Serge Lutens
Bois de Violette
Iris Silver Mist
La Myrrhe
Sarrasins

S-Perfume
100 % Love
S-eX

Tauer Perfumes
L'Air du Désert Marocain

Theo Fennell
Scent

Thierry Mugler
Angel

Tommy Hilfiger
Tommy Girl

Yves Saint Laurent
Kouros
Opium
Rive Gauche

Yohji Yamamoto
Yohji Homme

DANKSAGUNG

Ein riesiges Dankeschön gebührt Patricia de Nicolaï, der unermüdlichen Kuratorin der Osmothèque und großen Parfümeurin hinter den Parfums de Nicolaï. Ein aufrichtiger Dank auch allen in der Parfumindustrie, die uns bei diesem Buch geholfen, und allen Parfumliebhabern, die uns nach der Veröffentlichung von *Perfumes: The A-Z Guide* unterstützt haben. Danke auch allen beim Santa Fe Institute, dass sie uns den bestmöglichen Ort zur Verfügung gestellt haben, um uns auf unsere Arbeit zu konzentrieren, und einen besonderen Dank an Janet Rubinstein, die all die Parfumpakete ausgehalten hat. Danke auch an Kathryn Court und ihr Team bei Penguin USA und an Peter Carson und alle bei Profile UK, die den Anstoß zu diesem Buch gegeben haben, außerdem an die wunderbaren Thomas und Elaine Colchie, fantastische Agenten und noch viel bessere Freunde.

ZUM BUCH

Das kleine Buch der großen Parfums präsentiert einhundert legendäre Klassiker und ist eine fundierte Einführung in die Welt der Parfümerie. Von *Angel* bis *Vol de Nuit*, vom scheuen Blumenduft über das männliche Urparfum bis hin zu den großen Düften der Geschichte: Alles ist so sinnlich-nuanciert beschrieben, dass die Lektüre zum Erlebnis wird.

ZU DEN AUTOREN UND ZU IHREN ÜBERSETZERN

LUCA TURIN, geboren 1953 in Beirut, ist Biophysiker und Buchautor. Sein leidenschaftliches Interesse gilt dem Geruchssinn, der Kunst der Parfümerie und der modernen Duftindustrie.

TANIA SANCHEZ ist Parfumsammlerin, -expertin und Journalistin. Ihr gemeinsames Buchprojekt: *Perfumes. The A-Z Guide* wurde in den USA auf Anhieb Kult. Beide Autoren leben in Boston.

MIRIAM MANDELKOW, FRAUKE CZWIKLA und CHRISTIAN DETOUX schnuppern seit ihrer Übersetzung an jedem Parfumfläschchen, denn »ein Parfum ist eine Flaschenpost«, und es gilt, die stillen Flaschengeister zu entdecken und sich ihre Geheimnisse anvertrauen zu lassen.